# 江苏非遗影像数据库建设研究

陆 瑶 杨 萍 李 天 著

东南大学出版社
SOUTHEAST UNIVERSITY PRESS
·南京·

**图书在版编目(CIP)数据**

江苏非遗影像数据库建设研究 / 陆瑶,杨萍,李天著. —南京:东南大学出版社,2021.9
ISBN 978-7-5641-9661-5

Ⅰ.①江… Ⅱ.①陆… ②杨… ③李… Ⅲ.①非物质文化遗产—数据库—资源建设—研究—江苏 Ⅳ.①G127.53-39

中国版本图书馆 CIP 数据核字(2021)第 177136 号

**江苏非遗影像数据库建设研究**
Jiangsu Feiyi Yingxiang Shujuku Jianshe Yanjiu

**著　　者**:陆　瑶　杨　萍　李　天
**出版发行**:东南大学出版社
**社　　址**:南京市四牌楼 2 号　　**邮编**:210096
**出 版 人**:江建中
**网　　址**:http://www.seupress.com
**电子邮箱**:press@seupress.com
**经　　销**:全国各地新华书店
**印　　刷**:广东虎彩云印刷有限公司
**开　　本**:700mm×1000mm　1/16
**印　　张**:14.5
**字　　数**:301 千字
**版　　次**:2021 年 9 月第 1 版
**印　　次**:2021 年 9 月第 1 次印刷
**书　　号**:ISBN 978-7-5641-9661-5
**定　　价**:58.00 元

# 前　言

非遗，即非物质文化遗产，是以华夏文明为载体，以中华传统文化为本位，以传承人为血脉延续而存在的。非遗传承人鲜活地存在于普通大众之中，至今仍有强大的生命力。在非遗的传承中，传承人扮演了至关重要的角色，他们往往身怀绝技，用技艺与历史、现在、未来对话。非遗的活态传承离不开传承人，传承人将手艺与绝活传授给后辈，这对非遗的保护，乃至对中华文化的延续性和人类文明的多样性都具有重要意义。

老一辈传承人的老去和离世，以及现代化社会生产、生活形态强有力的冲击，使非遗的传承和传播方式发生了改变，我们必须寻找新的渠道、新的模式来传承中华民族乃至世界的优秀民族文化。纪录片因其真实性与人文关怀的特征，成为记录文明与传承文化的新一代记忆方式。非遗有着活态性、现场性、即时性等特点，这使不同形态的非遗都可以在真实可感、生动形象的纪录片中以影像的方式留存于世。非遗这一选题，从叙事和艺术两方面拓宽了纪录片的边界。国内的《昆曲六百年》《留住手艺》《传承》等一大批非遗纪录片，发挥了科普非遗知识，提高非遗保护意识，弘扬中华文化，提升民族文化认同感，增强文化自信的作用。非遗纪录片用画面还原传承人的生活场景，用镜头记录技艺的精妙绝伦，用影像承载民族的文化基因。

笔者在南京图书馆工作期间主要从事自建资源的采集工作，先后参加专题片《何处忆江南——江苏非物质文化遗产》《江苏红色之旅》《黎明之前——藏在闹市中的 100 处革命遗址》《江苏名人故居》《岁月屐痕——江苏近现代名人寻踪》《江苏不可移动文物》《江苏特色博物馆揽胜》《中国记忆——中国图书馆界重要人物专题》《赏心乐事吾家院——江苏传统表演艺术系列专题片》《画室——当代江苏画家零距离微视频》等项目的前期拍摄和后期制作的工作，不仅接触了江苏省内的各类文化和非遗项目，采访非遗传承人和文化名人百余位，更对非遗的传承现状和非遗纪录片的拍摄制作模式有了一定程度的了解和掌握。

本书中所列举的《何处忆江南——江苏非物质文化遗产》入选“十三五”国家重点出版物出版规划项目、国家出版基金项目，具有一定的研究价值，以此为例对南京图书馆近十年来视频资源建设工作进行总结，同时思考可取之处和存在的不足，以期对未来的工作有所帮助。

# 目　录

# 第1章

# 非物质文化遗产与公共图书馆

非物质文化遗产是人类文明发展的印记，是社会发展和前进的结晶，承载了历史的重量。保护非物质文化遗产就是保存一个国家、一个民族的基因，让民族文化得以延续。公共图书馆作为公益性文化保护单位，集各种社会文化功能于一身，可以利用多重文化优势，对非物质文化遗产的保护、传播、传承大有裨益，将在非物质文化遗产的保护上大有作为。

## 1.1 何为非物质文化遗产

“非物质文化遗产”（以下简称非遗）这一概念在联合国教科文组织（如图1.1）的《保护非物质文化遗产公约》中是这样界定的：“指被各社区、群体，有时是个人，视为其文化遗产组成部分的各种社会实践、观念表述、表现形式、知识、技能以及相关的工具、实物、手工艺品和文化场所。”[1]联合国教科文组织制定的非遗评选标准是：“具有优秀、杰出的独特价值的，由于

图1.1 联合国国徽

[1] 联合国教科文组织.保护非物质文化遗产公约[M].北京：文化艺术出版社，2006：445.

缺乏守卫与保护的手段，或由于环境的高速转变、都市化或文化适应原因而濒于式微。”[1]由此可以总结出非遗必须具备的两大特点，即优秀性和珍稀性。

联合国教科文组织界定的非遗所涵盖的内容包括以下5个方面：一、口头传统和表现形式；二、表演艺术；三、社会实践、仪式、节庆活动；四、有关自然界和宇宙的知识和实践；五、传统手工艺。

非遗这一概念在国内兴起于2001年，中国昆曲（如图1.2）被纳入第一批“人类口头和非物质文化遗产代表作”名录。

图1.2　昆曲

关于非遗，在《国家级非物质文化遗产代表作申报评定暂行办法》中有明确界定：非遗是“指各族人民世代相承的、与群众生活密切相关的各种传统文化表现形式（如民俗活动、表演艺术、传统知识和技能，以及与之相关的器具、实物、手工制品等）和文化空间”[2]。2003年初，中国启动了“中国民族民间文化保护工程”，自此我国的非遗保护工作开始走上了以国家行政单位分级为标准的非遗传承名录体系，其中有省级31个，市级334个，县级2 853个。据普查统计，中国遗存非遗资源总量多达87万项，3 154项被纳入国家级非遗名录，41项入选世界非遗名录。

[1] 联合国教科文组织.保护非物质文化遗产公约[M].北京：文化艺术出版社，2006：446.

[2] 《国家级非物质文化遗产代表作申报评定暂行办法》由国务院办公厅于2005年3月26日以国办发〔2005〕18号发布。

中国国家级非物质文化遗产名录将非遗分为十大门类，分别是民间文学，传统音乐，传统舞蹈，传统戏剧，曲艺，传统体育、游艺与杂技，传统美术，传统技艺，传统医药和民俗（见表 1.1）。

**表 1.1 非遗的十大门类**

| 非遗门类 | 概念界定 | 项目列举 |
|---|---|---|
| 民间文学 | 包括神话、民间传说、民间故事、民间歌谣、民间说唱、民间小戏、谚语、歇后语、谜语等口头文学形式 | 包括白蛇传说、梁祝传说、董永传说等 231 个项目 |
| 传统音乐 | 指中国人运用本民族固有方法，采取本民族固有形式创作的具有本民族固有形态特征的音乐 | 包括蒙古族长调民歌、侗族大歌、古琴艺术等 401 个项目 |
| 传统舞蹈 | 以习俗舞蹈为主，依附于各民族传统风俗活动，可分为：生活习俗舞蹈、礼仪习俗舞蹈、节日习俗舞蹈和信仰习俗舞蹈 | 包括秧歌、龙舞、狮舞等 324 个项目 |
| 传统戏剧 | 在历史上产生，并以活态形式传承至今的表演艺术形式，戏曲艺术包括音乐、舞蹈、绘画、雕塑、杂技、武术等元素 | 包括昆曲、秦腔、京剧等 448 个项目 |
| 曲艺 | 由口头民间文学和歌唱艺术经过长期发展演变形成的一种独特的艺术形式 | 包括苏州评弹、扬州评话、山东大鼓等 193 个项目 |
| 传统体育、游艺与杂技 | 涵括了民族体育与竞技、游艺与杂技表演、竞技表演多种形式 | 包括少林功夫、武当武术、太极拳等 125 个项目 |
| 传统美术 | 传统的剪纸、版画、雕刻、陶艺、民居、泥塑都被归纳入这一范畴 | 包括桃花坞木版年画、剪纸、苏绣等 361 个项目 |
| 传统技艺 | 指被人们视为文化遗产的民族工艺产品及其制作过程中的手工技艺，其中工艺产品是由手工艺人利用一定工具或纯手工制作出来的，并且具有实用性、创造性和观赏性的特征 | 包括宜兴紫砂陶制作技艺、蓝印花布印染技艺、苗寨吊脚楼营造技艺等 507 个项目 |
| 传统医药 | 可分为实物资源及非物质资源两个部分，主要包括中国传统医药文物、中国传统医药古籍、中国传统医药图谱、中国传统医药器物、人物、中国传统医药基础理论、中药、中药方剂、中医养生保健、疾病、针灸、疗法、特殊标记等 13 类 | 包括针灸、中医正骨疗法、苗医药等 137 个项目 |
| 民俗 | 即民间风俗，是一个民族的广大民众所创造和传承的生活文化，是能反映民族的宗教信仰、审美情趣、社会生活、精神风貌和心理情感的一种独特的文化现象 | 包括春节、清明节、端午节等 427 个项目 |

## 1.2 江苏非遗分布情况概述

江苏是中国古代文明的发祥地之一，非物质文化遗产众多，江苏已有联合国教科文组织“人类非物质文化遗产代表作”10 项(详见表 1.2)，位列全国第一。

**表 1.2 江苏列入人类非物质文化遗产代表作名录的项目**

| 序号 | 名称 | 类别 |
|---|---|---|
| 1 | 昆曲 | 传统戏剧 |
| 2 | 古琴艺术 | 传统音乐 |
| 3 | 中国剪纸 | 传统美术 |
| 4 | 中国雕版印刷技艺 | 传统技艺 |
| 5 | 中国传统木结构营造技艺 | 传统技艺 |
| 6 | 南京云锦织造技艺 | 传统技艺 |
| 7 | 中国传统桑蚕丝织技艺(缂丝) | 传统技艺 |
| 8 | 中国传统桑蚕丝织技艺(宋锦) | 传统技艺 |
| 9 | 端午节 | 民俗 |
| 10 | 京剧 | 传统戏剧 |

截至 2019 年 12 月 31 日，江苏非遗入选国家级非物质文化遗产名录有 145 项，共分 4 个批次，10 个项目(详见图 1.3)。国家级代表性传承人共 178 人(详见图 1.4)。

为深入贯彻习近平新时代中国特色社会主义思想，传承弘扬中华优秀传统文化，进一步加强国家级非物质文化遗产代表性项目名录建设。2020 年，文旅部组织专家对全国 31 个省、市、自治区、直辖市和新疆生产建设兵团，香港特别行政区、澳门特别行政区，以及中央和国家机关部门推荐申报的 943 个项目进行评审，提出第五批国家级非物质文化遗产代表性项目 337 项，其中，新列入 198 项，扩展 139 项。江苏共 16 项入选，其中包括新入选项目 7 项，扩展项目 9 项(见表 1.3)。

图 1.3　江苏省国家级代表性项目

图 1.4　江苏省国家级代表性传承人

**表 1.3　第五批国家级非物质文化遗产代表性项目名录推荐项目名单(江苏省)**

| 序号 | 项目名称 | 申报地区或单位 | 项目类别 | 备注 |
| --- | --- | --- | --- | --- |
| 1 | 南闸民歌 | 淮安市淮安区 | 传统音乐 | 新入选项目 |
| 2 | 泰兴花鼓 | 泰州市泰兴区 | 传统舞蹈 | 新入选项目 |
| 3 | 苏北大鼓 | 宿迁市宿城区 | 曲艺 | 新入选项目 |
| 4 | 水晶雕刻(东海水晶雕刻) | 连云港市东海县 | 传统美术 | 新入选项目 |
| 5 | 瓷刻(大丰瓷刻) | 盐城市大丰区 | 传统美术 | 新入选项目 |
| 6 | 脂粉制作技艺(谢馥春脂粉制作技艺) | 扬州市 | 传统技艺 | 新入选项目 |
| 7 | 徐州伏羊食俗 | 徐州市 | 民俗 | 新入选项目 |
| 8 | 苏绣(常州乱针绣) | 常州市 | 传统美术 | 扩展项目 |
| 9 | 苏绣(东台发绣) | 盐城市东台市 | 传统美术 | 扩展项目 |
| 10 | 地毯织造技艺(如皋丝毯织造技艺) | 南通市如皋市 | 传统技艺 | 扩展项目 |
| 11 | 蒸馏酒传统酿造技艺(洋河酒酿造技艺) | 江苏省宿迁市 | 传统技艺 | 扩展项目 |

（续表）

| 序号 | 项目名称 | 申报地区或单位 | 项目类别 | 备注 |
|---|---|---|---|---|
| 12 | 绿茶制作技艺（雨花茶制作技艺） | 南京市 | 传统技艺 | 扩展项目 |
| 13 | 素食制作技艺（绿柳居素食烹制技艺） | 南京市 | 传统技艺 | 扩展项目 |
| 14 | 庙会（圣堂庙会） | 苏州市相城区 | 民俗 | 扩展项目 |
| 15 | 撂石锁（海陵撂石锁） | 泰州市海陵区 | 传统体育、游艺与杂技 | 扩展项目 |
| 16 | 中医传统制剂方法（王氏保赤丸制作技艺） | 南通市 | 传统医药 | 扩展项目 |

除此之外，江苏还有省级非物质文化遗产名录 746 项，市级非物质文化遗产名录 2 027 项。由此可见，江苏的非遗项目之多、范围之广，值得更多的思考和研究。

## 1.3 国内外公共图书馆保护和传播非遗的现状

我国拥有丰富的非物质文化遗产资源，党的十九大报告指出“要推动中华优秀传统文化创造性转化、创新性发展”，以此为指引，“新时代非物质文化遗产保护传承工作，要坚守人民立场……保护成果为人民共享”[1]。在互联网时代，信息传播是非遗“为人民共享”的重要渠道。如何有效传播这些珍贵的非遗信息，满足公众非遗信息需求已成为各国关注的焦点。

### 1.3.1 国外公共图书馆非遗信息传播模式

国外早在 20 世纪中期便已开始非遗信息传播探索，图书馆较早参与，且积累了有益经验。美国社会学家库利（C. H. Cooley）早在 1909 年将“传播”一词

[1] 陈通.坚守人民立场保护非物质文化遗产[N].光明日报，2017-12-14(6).

用于人际关系研究,"认为传播是人类关系赖以存在和发展的一种机制"[1]。1945 年 11 月,联合国教科文组织发表《联合国教科文宪章》,首次使用"传播"一词,将文化的广泛传播列为各国的义务[2]。传播学的发展和全球非遗保护浪潮,促使国外开始探索非遗信息传播,并在实践中形成了 3 种不同的传播模式。

一是,搭建基于静态的非遗信息传播模式的数据平台。国外图书馆利用自身信息组织和存储的优势,搭建各类非遗信息传播平台。

1. 非遗元数据管理平台。为了在静态非遗信息传播模式中尽可能体现非遗活态特征,美国采用 PBcore 元数据来描述非遗条目,"PBcore 是一种公共传媒元数据,在都柏林元数据的基础上,增加多媒体元素组合而成,多用于声像档案的描述"[3]。PBcore 元数据记录具有易共享、易组合、易交换的特点,广泛应用于美国表演艺术、仪式、节庆等非遗信息的传播中。

2. 非遗数据库平台。南非中央图书馆开展"Ulwazi"(知识)项目,搭建一个直辖城市和非遗原生态地均能够积极参与的合作平台,基于 Web 2.0 技术建立一个在线数据库,允许大批量公众参与非遗信息的上传和分享,同时该项目收集的非遗信息也作为图书馆数字资源的一部分,由图书馆向公众推广和传播。

搭建非遗数据库平台是国外图书馆参与非遗信息传播的常见路径,美国纽贝里图书馆、纽约公共图书馆(如图 1.5)、加利福尼亚大学洛杉矶分校图书馆均建立了非遗数据库,既丰富了图书馆数字资源,也能实现图书馆多元文化功能。

图 1.5　纽约公共图书馆 logo

二是,开展基于动态非遗信息传播模式的特色项目。

国外图书馆开展动态非遗信息传播,倾向于以本国的特色非遗资源为传播内容。棕榈叶手稿这种古老的书写方式,流行于南亚和东南亚一带,印度、

[1] Cooley C H.Social organization[M]. New York:Schocken Books.1909:61.

[2] UNESO[EB/OL].[2017-11-25].http://www.unesco.org/new/zh/unesco.

[3] Public broadcasting metadata dictionary project[EB/OL].[2018-7-19].http://pbcore.org/

老挝、斯里兰卡等国家等均有棕榈叶抄写的传统，斯里兰卡科伦坡博物馆图书馆开展棕榈叶手稿收集计划（PLMC），“包括走访、调查、收集、保存、传播几个不同阶段，将棕榈叶手稿实物和抄写者传授结合，全面展示这种师徒相传的技艺，该博物馆图书馆还根据用户获取棕榈叶手稿信息的数据，观察用户的参与性和非参与性特征，以提升传播效果”[1]。“成立于 1957 年的老挝国家图书馆尽管一直经费紧张，但也设立专门的棕榈叶手稿室，参与国家特色非遗信息的传播。”[2]加拿大布雷顿角公共图书馆是加拿大第一个参与联合国非遗保护和传播的公共机构，“联合 13 个图书馆分支机构和两个流动图书馆，针对非遗传承人开展‘本地故事讲述者’项目”[3]，旨在保存民族记忆和传播非遗。

三是，寻求基于立体非遗信息传播模式的部门合作。基于立体的传播模式，国外图书馆更多地是寻求部门合作。一方面，由图书馆主动发起合作，例如澳大利亚公共图书馆极力拓展文化发展功能，使图书馆资源多样化和服务多元化，“昆士兰图书馆开始挖掘馆藏非遗资源，除了编辑资料或图书的静态传播模式，还定期深入非遗社区合作举办展演”[4]。纽约公共图书馆演出艺术中心“与致力于舞蹈教育研究的英国拉班中心合作，保存了关于表演派舞蹈创始人鲁道夫·拉班的所有档案及专属藏品”[5]。舞蹈类非遗的瑰宝，在纽约公共图书馆和英国拉班中心的传播合作中，既有拉班舞及舞谱图文、实物展览等静态传播，也包括演出表演等动态传播，充分体现了拉班舞的内涵。另一方面，由政府牵头组织或鼓励包括图书馆在内的部门间合作，例如斯里兰卡政府“鼓励保存非遗资源的图书馆联合其他的信息科学专业机构，以展览、现场表演、实践教

[1] Senarathna K I D, Heshini K G J, Weerasooriya W R W M C S K, et al.Colombo museum library palm leaf manuscripts collection: A glance from intangible cultural heritage and library and information management perspectives[J/OL]. http://repository.kln.ac.lk/handle/123456789/18095.

[2] Lao national library [EB/OL]. [2018-7-20]. http://www.alia.org.au/wsmith/the_national_library.htm.

[3] Urbaniak. The public library and intangible cultural heritage: the storyteller-in-residence program of the Cape Breton regional library[J].Library, Information Science & Technology Abstracts, 2012(3): 33-42.

[4] Debra C. Sustaining language diversity: the role of public libraries[J].Aplis, 2008(1): 28-32.

[5] 刘婷婷.国外图书馆参与舞蹈类非遗保护的理念及其启示[J].图书馆学刊, 2016, 38(3): 134-136.

育等多种形式促进非遗传播”[1]。印度政府为了保护和传播非遗，“鼓励图书馆、档案馆、博物馆均参与其中，建立非遗数字资源中心，并向全世界开放访问”[2]，将印度非遗传播到世界范围。

### 1.3.2 国内公共图书馆非遗信息传播模式

我国非遗信息传播伴随着几大工程的建设在全国范围内铺开，从 2002 年文化部和财政部联合实施的“全国文化信息资源共享工程”，到 2006 年开通“中国非遗网 · 中国非遗数字博物馆”，再到 2011 年文化部启动“非遗数字化保护工程”，我国非遗数字资源采集工作在图书馆的参与下进展迅速，如图 1.6 所示为国家非遗徽章。但是，图书馆在参与非遗信息传播过程中仍存在以下问题。

图 1.6　国家非遗徽章

一是，我国图书馆参与非遗信息传播模式相对单一。2006 年成都图书馆率先在全国建立了地方非遗数字博物馆“成都非遗数字博物馆”，网站采用图文、声像等多种载体，是静态传播成都非遗信息的窗口。近几年，包括 10 大艺术门类 450 册 5 亿多字的《中国民族民间文艺集成志书》、录制 355 部的《中国京剧音像集萃》《浙江省民族民间造型艺术集成》《浙江省民族民间表演艺术集成补辑》等大型非遗编纂成果，在各级各类图书馆的参与下均已完成，均是间接的信息传播模式。

二是，我国图书馆参与非遗信息传播整体程度不够。在实践中，图书馆主动参与非遗信息传播程度并不理想，以公共图书馆为例，“调研 78 家市级以上公共图书馆，真正能够访问到非遗相关数字资源的仅 19 家，且服务和传播现状

[1] Navaneethakrishnan S. Preservation and documentation of intangible cultural heritage: the strategic role of the library and information science professionals in Sri Lanka[J]. Journal of the University Librarians Association of Sri Lanka, 2014, 17(1): 58-65.

[2] Singh A. Digital preservation of cultural heritage resources and manuscripts: an Indian government initiative[J]. Library, Information Science & Technology Abstracts, 2012, 38(4): 289-296.

不容乐观”[1]。另一项调研显示,“31 个省级公共图书馆专门建有非遗资源库的有 14 个,开放性和重视度均有待提升”[2]。亢琦调查发现,“仅有 40 所图书馆(其中包括国家图书馆、公共图书馆 35 所,高校图书馆 3 所,专业图书馆 1 所)在‘遗产日’期间以主题展览、讲座、现场展示、古籍修复体验、专题图书展等不同形式进行宣传,占我国图书馆总数不足 1%”[3]。整体参与传播程度不足,导致对传播模式及参与路径的探索也较为滞后。

三是,我国图书馆参与非遗信息传播形式创新不足。非遗具有一方水土一方人的独特个性,体现出鲜明的民族性和地域性特征,这需要图书馆注重参与非遗信息传播形式创新,以打破民族和地域边界。例如,黑龙江省的世居少数民族多为游牧民族,少数民族语言只在本族聚集地和周边区域使用,齐齐哈尔大学图书馆依托自身地域优势,“对黑龙江西部地区的非遗进行深入研究,以印刷型文献资源的形式,向本校师生传播非遗信息”[4]。鲜明的地域特征加上传统的文本传播形式,让该类非遗信息很难传播到黑龙江以外的其他地区。此外,受困于传播形式的单一,“浙江省衢州地区的公共图书馆开展的有关非遗传承的讲座、展览活动,目的性与主动性不强,效果差强人意”[5]。可见,图书馆参与传播的形式创新,直接影响到传播效果。

---

[1] 许鑫,赵嘉伦.图书馆参与非物质文化遗产保护的现状与建议[J].图书情报工作,2014,58(21):6-12.

[2] 徐军华,刘灿姣,杨丹.我国省级公共图书馆非物质文化遗产数据库建设的调研与分析[J].图书馆,2016(2):28-32.

[3] 亢琦.文化和自然遗产宣传教育活动中的图书馆角色与功能调查研究[J].图书馆建设,2018(2):68-74.

[4] 包鑫.地方高校图书馆非物质文化遗产特色数据库建设:以黑龙江省西部少数民族地区为例[J].图书馆学刊,2017,39(1):58-61.

[5] 夏有军.公共图书馆在非遗保护与传承中的创新服务研究:以浙江省衢州市为例[J].图书馆研究与工作,2019(2):88-92.

# 第2章

# 南京图书馆非遗影像数据库发展综述

保存文献是图书馆的基本职能，但随着信息化时代的来临、文化价值认知的不断深化、多媒体资源的广泛运用，图书馆需要承担更多的社会责任。当纸质文献不能完全满足群众的信息需求时，图书馆应面对社会发展变化所带来的现实危机，抓住机遇，在广度和深度上扩展图书馆的职能业务，而“摄制资源视频专题片”是公共图书馆新时期的新业务、新探索。

随着数字化网络体系的不断发展和完善，数字资源的网络共享和传播迅猛发展。图书馆作为资源收集、利用和传播的重要阵地，其生存形态也在悄然发生着变化。当代图书馆是数字图书馆与传统图书馆、虚拟图书馆与实体图书馆的结合，是集传统图书馆与数字图书馆之优点的混合型图书馆，而混合型图书馆的一项最重要的工作就是数字资源建设。

近几年来，文化部全国文化信息资源建设管理中心，每年都向各省分中心下达地方资源建设任务，各省分中心根据自己省的特色资源和摄制能力情况申报资源建设项目。南京图书馆以自建资源为主要方向，以本馆职工为主要力量，组织队伍开展相关项目的建设工作。

图书馆尝试拍摄地方文化专题片，意味着图书馆开始利用现代新媒体技术对传统地域文化进行重新建构和阐释，这也是实现公共文化普及均等化、公平化的重要手段。

## 2.1 建设背景

图书馆拍摄专题片的重要原因之一是全国文化共享工程的政策支持。根据《文化部、财政部关于进一步加强公共数字文化建设的指导意见》要求，地方资源建设成果类型分为视频专题片资源和专题资源库资源，文化共享工程在“十二五”末的数字资源建设总量应达到530 TB，视频资源应达到33万小时，专题资源库不少于500个。其中，管理中心数字资源建设总量不少于100 TB，视频资源不少于6万小时，专题资源库不少于100个，各地资源建设总量不少于400 TB，视频资源不少于24万小时，专题资源库不少于400个，少数民族语言资源不少于30 TB。按照这个要求，各地根据文化共享工程在“十二五”期间的总量要求，结合当地实际情况，制定当地在“十二五”期间的资源建设任务[1]。

全国文化共享工程2002年开始以来，一直力求贴合群众文化需求，注重结合地方特色，打造文化精品。从2011年到2013年，仅三年的时间，通过国家中心评审并顺利通过的地方资源立项就达到297个，其中“电视专题片144项，占立项总数的48.5%”。数据显示，专题片因为其生动形象的表现力，老少皆宜，而占据了地方资源建设的半壁江山。

## 2.2 南京图书馆流媒体数据库建设现状

作为数字资源建设省级中心，南京图书馆(如图2.1、图2.2)不仅要加大自身特色数字资源建设力度，还需要在国家数字资源总体规划指导下，制定本省特色数字资源发展规划和年度生产计划，并组织实施全省数字资源生产。

NANJING LIBRARY
南京图書館

图 2.1　南京图书馆 Logo

[1] 国家数字文化网[EB/OL].[2014-10-14].http://www.ndcnc.gov.cn/

图 2.2　南京图书馆外观

自建数字资源是一项长期性的全省性的工作，最终形成的数字库产品应具有系统性、规模化、权威性和标准化的特征，自建资源的类型包括文献数字化、专题数据库和流媒体资源。

其中流媒体资源的建设工作，在近十年来的努力下卓有成效。公共数字文化建设江苏分中心根据共享工程和推广工程数字资源建设要求，结合江苏地方特色，牵头制订本省数字资源生产计划，争取国家和省级立项，并组织全省公共图书馆生产数字资源。

2007 年起，南京图书馆开始组建队伍，开展自建资源的建设工作。队伍创建初期，由于缺少人员、技术、装备等关键因素，一度只能以最简单的形式去尝试。然而南京图书馆员工始终秉承不服输的精神，硬是在短短一年的时间里，通过自筹经费购买相关设备和自学拍摄技巧，完成了《江苏省非物质文化遗产》（如图 2.3）的项目建设工作，同时该项目还得到了评审专家的一致好评。

为了引进人才，南京图书馆专门开设新闻学、传播学等岗位，招揽应届毕业生，为影像资源建设不断输入新鲜血液。南京图书馆影像资源建设中心的制作团队主要分为两部分，一部分以外部资源建设为主，主要负责外出拍摄和采访等；另一部分以本地资源建设为主，主要负责本馆和本地资源的拍摄和采集。

南京图书馆（江苏省级公共图书馆）作为江苏省分中心的实施单位，从 2007 年起，先后申报并自主摄制完成了 5 部专题纪录片，顺利通过了管理中心的验收，并获得好评。目前正在进行拍摄制作的专题纪录片有 3 部。

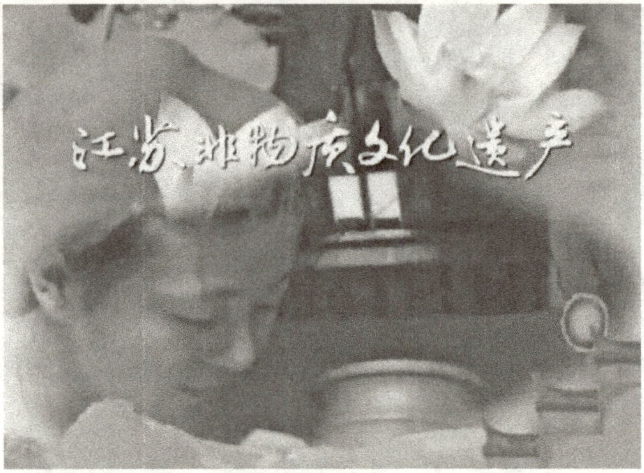


图 2.3 《江苏非物质文化遗产》系列片截图

### 2.2.1 已上线流媒体数据库

目前南京图书馆官网已经上线的流媒体数据库有 5 个(表 2.1)。

**表 2.1 南京图书馆现有流媒体数据库**

| 序号 | 项目名称 | 集数/时长 |
|---|---|---|
| 1 | 岁月屐痕——江苏近现代人物寻踪 | 25 集/30 分钟 |
| 2 | 江苏特色博物馆揽胜 | 27 集/30 分钟 |
| 3 | 江苏名人故居 | 20 集/25 分钟 |
| 4 | 何处忆江南——江苏非物质文化遗产 | 20 集/40 分钟 |
| 5 | 江苏红色之旅 | 20 集/40 分钟 |

**1. 岁月屐痕——江苏近现代人物寻踪(如图 2.4)**

江苏自古人杰地灵,人才辈出。本系列专题选取出生于江苏或长期旅居于江苏或就职于江苏的近现代名人 25 位,讲述他们的成长故事,以及为江苏乃至国家所做的贡献。涉及的人物有华罗庚、费孝通、傅抱石、华彦钧、李可染、刘半农、刘海粟、柳亚子、茅以升、梅兰芳、缪荃孙、钱钟书、赛珍珠、上官云珠、陶行知、翁同龢、吴冠中、徐悲鸿、杨仁山、叶圣陶、张謇、周培源、朱自清、吴贻芳、沈寿，他们的职业覆盖了数学、书法、绘画、音乐、教育、实业、戏曲、政治等方面。

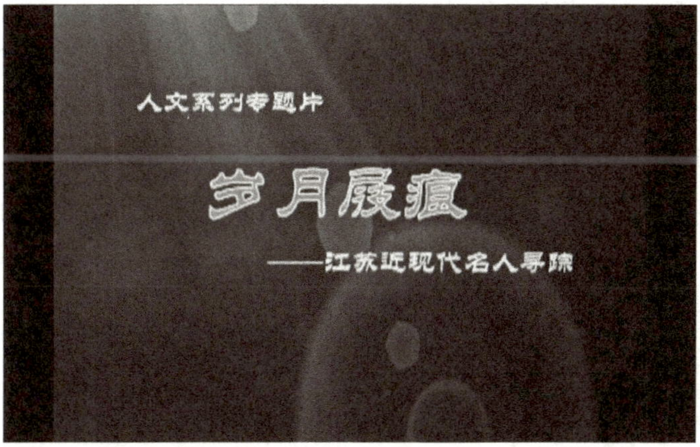


图 2.4 岁月展痕——江苏近现代人物寻踪

**2. 江苏特色博物馆揽胜（如图 2.5）**

江苏有大大小小博物馆 300 余个，除去以地方命名的博物馆，还有许多以特色项目命名的特色博物馆。南京图书馆结合地方特色以及博物馆重要性，以传统文化和历史意义为主线，选取了 27 个特色博物馆，地域覆盖苏南、苏中、苏北，涉及的博物馆有中国淮扬菜文化博物馆、扬州盆景博物馆、连云港港口历史博物馆、陇海铁路历史博物馆、南通风筝博物馆、南通蓝印花布博物馆、如皋丝毯艺术博物馆、中国苏州评弹博物馆、桃花坞木刻年画博物馆、无锡中国民族工商业博物馆、扬州玉器博物馆、扬州中国雕版印刷博物馆、宜兴阳羡茶文化博物

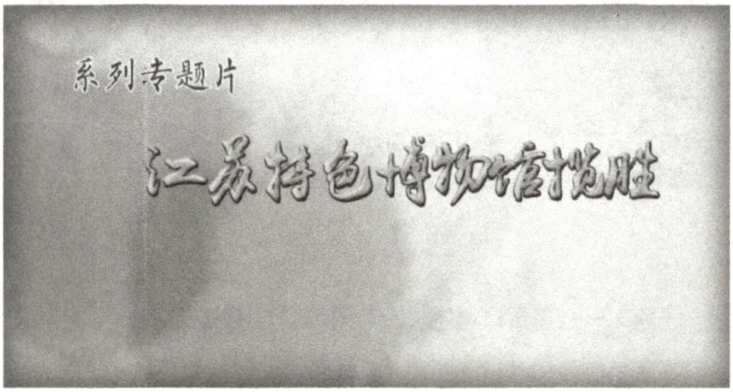


图 2.5 江苏特色博物馆揽胜

馆、中国漕运博物馆、中国醋文化博物馆、中国海盐博物馆、中国剪纸博物馆、中国民族音乐博物馆、中国泥人博物馆、中国审计博物馆、中国宜兴陶瓷博物馆、中国珠算博物馆、南京云锦博物馆、南通纺织博物馆、江宁织造博物馆、江苏淮剧博物馆。

**3. 江苏名人故居（如图 2.6）**

故居，镌刻着我们民族千百年的记忆，存储着沧海桑田中最为深刻的生命遗迹，走近那些在历史中风雨飘摇的名人故居，聆听每一个建筑背后的人文故事和隐约耳语。江苏的名人故居面广量大，有很高的文物价值和文化价值。将这些名人故居分批制作成艺术性较高的电视专题片，有利于提升名人文化的社会影响力和展现江苏省文化遗产保护事业的成就。本片采用全程外景拍摄的方式，穿插对专家学者、名人后代的采访，力求情景交融，熔历史、人文于一炉。涉及的名人故居有翁心存故居、丁文江故居、甘熙故居、李可染故居、钱钟书故居、瞿秋白故居、阮元故居、赛珍珠故居、王鏊故居、吴承恩故居、徐悲鸿故居、薛福成故居、叶圣陶故居、张太雷故居、郑板桥故居、周恩来故居、周元理故居、朱自清故居、古里瞿氏故居、沈括故居。

图 2.6　江苏名人故居

**4. 何处忆江南——江苏非物质文化遗产（如图 2.7）**

以承续民族血脉、守护精神家园为宗旨，以“江苏非物质文化遗产保护名录”为线索，该项目对能够反映江苏特色的非物质文化进行专题视频制作，选取了高邮民歌、惠山泥人、江南丝竹、南京云锦木机妆花手工织造技艺、秦淮灯彩、秦淮灯会、苏绣、昆曲、苏州甪直水乡妇女服饰、苏州评弹、苏州玄妙观道教音乐、桃花坞木版年画、锡剧、扬剧、扬派盆景技艺、扬州剪纸、扬州漆器、扬州清曲、扬州玉雕、南京白局。

图 2.7　何处忆江南——江苏非物质文化遗产

**5. 江苏红色之旅(如图 2.8)**

在新民主主义历史进程中,江苏是重要战略地点之一,该专题选择了 20 个具有重大历史意义的红色遗址,寻访先烈足迹,追忆激情岁月。涉及的红色遗

图 2.8　江苏红色之旅

址有苏皖边区政府旧址纪念馆、上海战役前总委丹阳旧址纪念馆、沙家浜革命历史纪念馆、周恩来纪念馆、张太雷纪念馆、雨花台烈士陵园、新四军纪念馆、新四军黄桥战役纪念馆、新安旅行团历史纪念馆、苏中七战七捷纪念馆、侵华日军南京大屠杀遇难同胞纪念馆、中国共产党代表团梅园新村纪念馆、茅山新四军纪念馆、瞿秋白纪念馆、新四军江南指挥部纪念馆、黄花塘新四军军部纪念馆、淮海战役纪念馆、中国工农红军第十四军纪念馆、中国人民解放军海军诞生地纪念馆、南京渡江胜利纪念馆。

### 2.2.2 制作中的流媒体数据库

目前南京图书馆正在制作中的专题片有3部(如表2.2)。

**表2.2 南京图书馆制作中的流媒体数据库**

| 序号 | 项目名称 | 集数/时长 |
|---|---|---|
| 1 | 画室——当代江苏画家零距离微视频 | 30集/8分钟 |
| 2 | 赏心乐事吾家院——江苏传统表演艺术系列专题片 | 12集/30分钟 |
| 3 | 黎明之前——藏在闹市中的100处革命遗址 | 100集/8分钟 |

#### 1. 画室——当代江苏画家零距离微视频(如图2.9)

江苏现代水墨画的复兴大抵起始于20世纪下半叶，而南京艺术学院、南京师范学院等，则是一大批水墨画家的摇篮。江苏省国画院的成立和各市书画院

图2.9 画室——当代江苏画家零距离微视频

的相继建成，则促使江苏的水墨画创作逐渐在全国范围产生影响并确立了其相应的学术地位。目前，江苏省国画院、江苏省美术馆、江苏省书画院、南京艺术学院、南京师范大学以及江苏省各地书画院云集了包括退休人员在内的数百名中国美术家协会会员、一级画师、教授、博士等，从中遴选 30 位作为本次拍摄的对象。本项目建设将走进江苏优秀画家的画室进行实地拍摄，实景记录他们的工作环境和创作过程，并借此讲述他们各自的艺术人生，传达他们对绘画艺术的理解和诠释，解读他们各自擅长的画风画派的特色特征、创作技巧等。



**2. 赏心乐事吾家院——江苏传统表演艺术系列专题片（如图 2.10）**

江苏表演艺术整体上具有浓郁的江南韵致和水乡特色，但因为苏南、苏中、苏北存在地理环境上的差异，江苏的表演艺术又呈现出鲜明的地域性特色。江南吴地风土清嘉，吴侬软语，因此，苏南的表演艺术总体特点是雅致、柔美、精细，歌谣、舞蹈清丽灵秀，戏剧、曲艺细腻委婉；苏北平原广阔，民风坦荡，故而，苏北的表演艺术总体特点是浑朴、刚劲、粗犷，透露出刚烈的楚汉雄风，有些热烈欢快，有些则高亢激昂；以江淮名邑扬州、淮安为代表的苏中地区，则是兼综南北，柔中带刚，其民风习俗淳朴闲适，充满俚趣，故而，苏中的表演艺术雅俗兼备，平实中藏精致，精致中见平实。本项目的建设旨在对江苏优秀的表演艺术进行实地、实景的拍摄，完整全面地记录各表演艺术的表现形式，讲述它们的前世今生，它们形成发展的历史、地理、人文缘由，它们的艺术特色和艺术价值，以及它们的生存、保护和发展前景。

图 2.10　赏心乐事吾家院——江苏传统表演艺术系列专题片

**3.《黎明之前——藏在闹市中的100处革命遗址》(如图2.11)**

革命遗址及纪念设施是党领导人民进行艰苦斗争的历史缩影,也是开展缅怀先烈、观光游览、革命传统和爱国主义教育的红色人文之地。江苏是中国近代革命运动的主要策源地之一,在新民主主义革命和民族解放斗争中具有重要地位。江苏保存有大量革命历史文化遗址,包括党的重要机构旧址,重要党史人物的故居、旧居、活动地,重要事件、重大战役战斗遗址,具有重要影响的革命烈士的墓地,以及与重要历史活动、重要思想和文化有关的各种遗迹等。新中国成立以来,江苏重视各类革命遗址的保护与利用,建立了纪念馆、展览馆、烈士陵园等各类纪念设施。这些纪念设施与革命遗址一起,成为开展革命传统和爱国主义教育工作的重要实物见证。

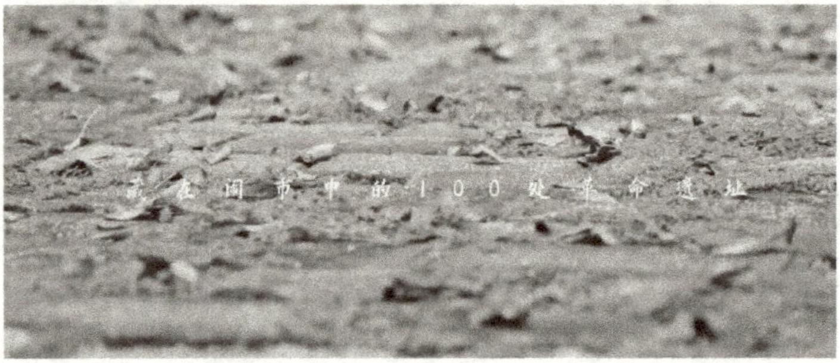


图2.11 黎明之前——藏在闹市中的100处革命遗址

根据江苏省文物局2018年底编制完成的《江苏省革命文物名录》,全省共有不可移动革命文物1 031处,其中省级以上文物保护单位111处,国有单位可移动革命文物48 840件/套、革命专题博物馆和纪念馆53家。为进一步推动创新革命文物传播方式,推动革命文物保护利用与人民文化需求相结合,让人民群众在共享革命文化发展成果中保护好革命文物、弘扬好革命精神、传承好红色基因,特选取其中100处具有典型和特殊意义的革命遗迹,以微视频的形式进行影像资源制作,通过景、声、画、人等不同层次的记录,充分展现革命遗迹在当年的重要作用及在当下的教育意义。本项目建设以江苏省内100处具有代表性和特殊纪念意义的遗迹、遗址、纪念场馆为主体,用实景拍摄展示、采访访谈、讲解同期声、图片、史料、历史影像资料、配乐、字幕及部分动画特效等形式，以叙述的方式，展现革命遗迹在当年的重要作用及在当下的教育意义。每个遗址场馆拍摄制作 1 集，每集片长 5～8 分钟，高清拍摄制作。

## 2.3 南京图书馆数据库建设流程

2011 年，国家公共数字文化建设中心要求红色历史文化多媒体资源以中国共产党在革命、建设、改革过程中的重要事件、主要人物、发生地点、历史资料、文艺作品为主要内容，利用现代多媒体信息技术，制作融文字、图片、视频、动漫、游戏为一体的视频资料，在网络上全景展示中国共产党带领全国人民走过的光辉历程和取得的辉煌成就。南京图书馆申报摄制的每集 40 分钟的《江苏红色之旅》，选取了江苏省著名的红色革命建设场馆为拍摄基本点，涵盖了南京雨花台烈士陵园（如图 2.12）、沙家浜革命历史纪念馆（如图 2.13）、侵华日军南京大屠杀遇难同胞纪念馆（如图 2.14）、淮海战役纪念馆（如图 2.15）等 20 个江苏境内的著名红色纪念馆，行程数千公里，往返于省内 10 个市县的 20 多个纪念馆之间，先后采访老战士、专家学者、纪念馆领导、烈士子女等 50 余人，形成了比较丰富的视频资料。

图 2.12　雨花台烈士陵园

图 2.13　沙家浜革命历史纪念馆

图 2.14　侵华日军南京大屠杀遇难同胞纪念馆

图 2.15　淮海战役纪念馆

### 2.3.1 项目申报

由国家公共数字文化建设中心向江苏省公共数字文化建设中心下发《全国公共数字文化工程年度地方资源建设指南》，江苏省中心结合省内地方资源，确定本省每年申报项目的内容范围，再由各级公共图书馆向省中心提请项目申报。

每年申报的内容范围会根据当年或近两年的发展随时进行调整。如2006年，国务院公布了第一批国家非物质文化遗产名录，江苏有37项非物质文化遗产列入国家级名录。南京图书馆及时在2007年确立了江苏省非物质文化遗产系列片拍摄项目，包括昆曲、苏州评弹、扬州剪纸、扬州玉雕、南京云锦、秦淮灯会、惠山泥人等。由于时效性很强，及时宣传了江苏省第一批非物质文化遗产，群众也急于了解这些非遗项目，所以受到了普遍好评。

国家公共数字文化建设中心在验收报告中评价："此系列片立意、取材很好，纪念馆布局陈列等交代清楚，展品与历史事件结合恰当，解说语言精练，内容生动丰富，编排流畅，配音清晰，制作画面、配音、背景音乐、字幕质量都很好，是革命传统教育的好教材"，"质量很高，希望能打造精品"。这标志着南京图书馆视频制作水平得到了管理中心的认可[1]。

### 2.3.2 成果呈现形式

南京图书馆自2007年起参与公共数字文化工程项目的资源建设，资源建设成果形式一般都以文化专题片的形式提交。根据南京图书馆影像资源建设中心的队伍规模和能力，基本上每年申报一个项目，以20～40集文化专题片为项目成果形式，其中成果数量为每集专题片片长约30～45分钟，建设方式为自主拍摄。

2007年申报《江苏省非物质文化遗产》项目，申报建设文化专题片24集，每集片长45分钟，共计18小时。

2015年申报《江苏省不可移动文物多媒体资源库》项目，申报建设元数据

[1] 李浩.公共图书馆摄制视频专题片资源的实践——以南京图书馆为例[J].农业图书情报学刊，2015，27(7)：32-35.

6 000条、文字3 400千字、图片25 000幅、视频25小时。

2016年申报《江苏民间技艺系列专题片》项目，申报建设文化专题片40集，每集片长30分钟，共计20小时。另外在完成专题片成果的同时，又申报完成素材资源的建设，共申报建设素材资源200小时。

2018年申报《画室——当代江苏画家零距离微视频》项目，申报建设微视频30集，每集片长8分钟，共计4小时。申报《赏心乐事吾家院——江苏传统表演艺术系列专题片》项目，申报建设文化墙专题片12集，每集片长30分钟，共计6小时。

### 2.3.3 项目经费预算及可行性分析

根据项目成果形式，参照当年《中央补助地方公共数字文化建设专项资金项目申报说明》中经费标准进行核算。区别于电视台和传媒公司的影视制作成本核算以利润为先的理念，公共图书馆资源建设应以对当地自然、人文等资源的发掘、收集、整合和再利用为根本出发点，不仅要做广大读者喜闻乐见的形式，更重要的还在于注重资源建设本身。

南京图书馆影像资源建设中心在项目经费预算方面，通常把专题片视频资源建设定位为“小成本制作”。除了无法回避的软硬件投入外，在资源采集成本、人员成本、制作成本的各方面，均采用充分利用本馆资源和相关周边资源为先的方式，将建设经费压缩到了极限。

以2018年广电和影视行业的行业成本为例，专题片的市场均价约为5 000～20 000元/分钟，合计一部30分钟的专题片制作报价约为20万元，一部10分钟左右的微视频报价约为10万元。而南京图书馆影像资源建设中心在经费预算上通常将一部30分钟的专题片制作成本压缩在10万元以内，甚至只有市场价的一半，也就是所谓的“零利润”运营。当然“零利润”是公共图书馆作为公共文化部门在资源建设工作上必须秉持的一贯原则，但是想方设法压缩成本、竭尽全力合理利用各类资源，已成为南京图书馆影像资源建设中心在每年的资源建设项目工作中的传统经验。看似简单的一个“省”字，在运作起来绝非一人一事，而是需要整个团队的全体配合。上至省厅、馆领导，下至普通项目制作员工，对于项目的建设无不殚精竭虑、尽其所能。

申报的项目如何完成，需要有一个完整、详细的规划，需要明确本省资源建设整体框架，确定分阶段实施计划以及本项目在整体资源建设框架中的地位。

在2018年申报的《赏心乐事吾家院——江苏传统表演艺术系列专题片》项目中，南京图书馆将建设以文化遗产和当代文化为主线的"江苏记忆"大型文化数据库集群为江苏省地方建设总体构想，即以公共图书馆为建设主体，依托公共文化单位(文物局、博物馆、文化馆等)馆藏文化资源，紧扣"江苏地方文化特色"的建设主题，形成专题记忆资源，最终形成全省意义上的"江苏记忆"，全面、生动地展现全景式江苏文化。

在申报过程中，将项目定位于江苏省地方资源建设总体框架内(如表2.3)。因江苏传统表演艺术隶属于非物质文化遗产中的口头传统、表演艺术和民俗活动种类，现有国家级的传统表演艺术49项，故选取其中12个具有江苏各地域特征和文化特色的代表性项目，作为该项目的建设对象。

**表2.3 "江苏记忆"大型文化数据库集群项目的主体规划**

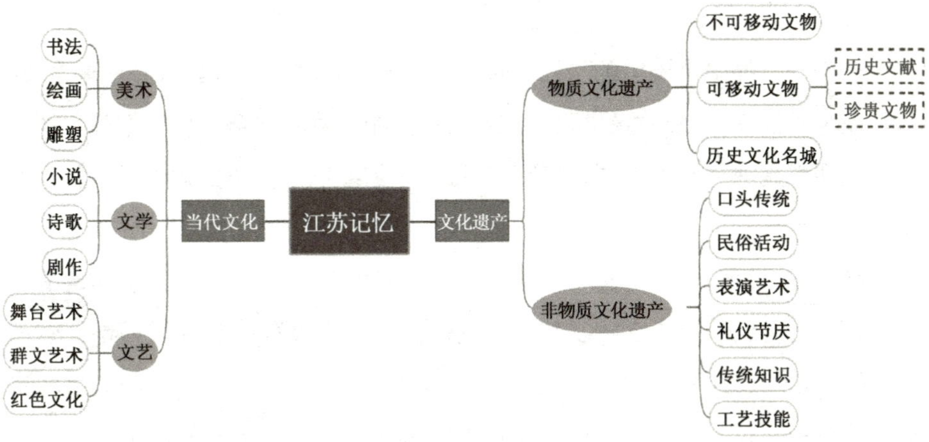


项目申报需要进行大量的前期研究和可行性分析，在项目申报过程中需要阐述项目的立项意义、实施背景、预期社会效益、资料素材收集情况以及建设过程中可能遇到的困难等。

在2015年申报的《江苏省不可移动文物多媒体资源库》项目中提到，该项目建设，旨在对江苏境内不可移动文物的信息资源进行采集、加工、组织和提供服务，具有高度的研究价值和广泛的应用前景，是对我省现存物质文化遗产中的2万余处不可移动文物做系统、深入的信息资源采集、加工，全面反映江苏地方历史文化的悠久和丰厚。

该项目对象数据以“江苏省第三次全国文物普查”成果为基础，利用江苏省基础地理信息中心的不可移动文物定位信息，就不可移动文物的空间方位、年代断限、实地场景、规制规模等诸要素，形成由文字数字、图片图像、音频视频等各种对象数据组成的多媒体数据库。

在2016年申报的《江苏民间技艺系列专题片》项目中提到，该项目的建设旨在对江苏优秀的民间技艺进行实地、实景的拍摄，并结合民间艺人的传承与发展情况，真实展现江苏民间技艺的过去、现在以及未来。该项目将进一步加强地方特色文化建设，继承与发扬优秀民族民间文化，将成为海内外民众交流、研究、欣赏的数字媒体，将对提高公共文化公益性服务能力和水平，产生积极的社会影响。

### 2.3.4 项目建设的周期与进度安排

在申报过程中需要明确项目拟采用的建设方式，如自主建设、委托建设、跨省区联合建设等，以及建设思路、主要内容、实施计划和服务推广计划等。项目建设周期都是有时间限制的，在项目申报书中需要制定完整的建设周期和进度安排、计划等。

南京图书馆影像资源建设中心在多年的资源建设工作中积累了丰富的经验，对于资源情况、采集手法以及后期制作这一整套流程的时间周期都了然于胸，通常一个项目的时间规划都控制在一年之内，这不仅有利于控制素材和资源的质量，更有利于紧跟国家中心的思路，随时调整本地资源建设的方向。

### 2.3.5 版权及技术标准

项目成果的版权关系资源建设最终的使用途径，因此需要在项目申报书中结合项目成果形式，明确项目建设过程中资源素材的原创部分与整合部分，对于整合资源的版权解决方式进行说明。

在南京图书馆影像资源建设中心所申报的项目中，项目成果的版权均为发展中心与江苏省分中心、江苏省文物局共有，可在全国范围内提供服务。版权结构清晰明确，为后期的使用提供了明确的参考依据。



为了符合国家统一的标准化传播格式，南京图书馆影像资源建设中心不断在实践中摸索、总结，参与国家中心的相关标准制定，形成一套完整、可行、可靠的制式标准。这些标准包括元数据建设标准、对象数据建设标准、数字化加工标准、数据编目标准、资源加工软件和硬件及发布系统平台。

例如，在2015年申报的《江苏省不可移动文物多媒体资源库》项目中对于项目成果的标准有明确的说明：

**1. 软硬件**

资源加工和发布软件：中数创新 CDI CM

服务器：两台高性能服务器

存储容量：2TB

**2. 对象数据加工标准**

(1) 介质类型：图片(JPEG格式，像素：不低于72，尺寸：宽800)。

(2) 介质类型：视频(要求WMV、AVI、RM、RMVB等格式、每单体文物≥3分钟)。

**3. 界面设计合理美观、媒体素材标准规范**

(1) 介质类型：文字；一般为文本格式。

(2) 元数据及扩展元素(表2.4)。

元数据是描述数据库内数据的结构和建立方法的数据，元数据的准确定义决定了本项目数据库结构的严谨，保证数据内容不缺失、不遗漏。

**表2.4　元数据及扩展元素**

| 序号 | 元素名 | 定义 | 子元素 | 备注 |
|---|---|---|---|---|
| 1 | 名称 | 文物被给定的标题或名称，也包含标题的类型和使用的时间 | 现名、原名 | |

（续表）

| 序号 | 元素名 | 定义 | 子元素 | 备注 |
|---|---|---|---|---|
| 2 | 标识 | 可以唯一确定文物的信息 | 唯一标识馆藏号 | 唯一标识可由单位代码、文物类别、物品代码组成 |
| 3 | 时代 | 文物产生的时代 | 朝代、时期 | |
| 4 | 类型 | 文物的特征类型 | | |
| 5 | 语言 | 元数据标准所用的语言 | | 中文 |
| 6 | 描述 | 著录文物的历史、文化、人物背景，文物的结构、艺术等外在特征，描述关于文物的用途、等级、价值等 | 正文、图片、视频、用途、等级 | |
| 7 | 人物 | 文物创作者、修缮者、主要责任者等 | 作者、其他 | |
| 8 | 附属 | 镶嵌、贴、盖印写、铭刻或附着于作品上的附属部分 | 印记、题跋等附属物件 | |
| 9 | 主题 | 描述文物主题或内容的主题词、关键词、词组短语 | | |
| 10 | 覆盖范围 | 文物所在的范围，包括空间位置描述（物理地区、经纬度） | 地点位置图 | |
| 11 | 权限 | 记录文物的拥有者，使用者 | 所有使用单位、隶属单位 | |

## 2.3.6 影像资源建设方式

南京图书馆影像资源建设中心经过十数年的项目建设，积累了大量资源建设经验，从选题到设计，从前期采集到后期制作，从外联到推广，都已形成一套完整可行的建设方式。自主建设和联合建设是南京图书馆影像资源建设中心在自建资源建设时采用的两种并行的建设方式。

**1. 自主建设**

自主建设完全由南京图书馆影像资源建设中心自有人员进行自主创作，包括选题、设计、脚本、拍摄、后期、包装等，属于纯自主原创资源建设。

如2018年的《赏心乐事吾家院——江苏传统表演艺术系列专题片》项目中，通过采用实地、实景拍摄，结合翔实的史料等方式，从展现江苏传统表演艺术形态入手，以叙述的形式，讲述各表演艺术的分布、历史渊源、基本情况、再现形态、主要特征、艺术价值、存续状况等情况，达到完整全面地记录各表演艺术的表现形式，讲述它们的前世今生，它们形成发展的历史、地理、人文缘由，它们的艺术特色和艺术价值，以及它们的生存、保护和发展前景这一目标宗旨。



**2. 联合建设**

除了自主原创的资源建设方式外，一些地方资源建设并不能完全依赖公共图书馆来完成，但是资源建设的需求又非常迫切，于是联合建设的形式则是解决这一问题的有效途径，通过江苏省文化和旅游厅和公共数字文化建设江苏省中心统一选题申报，联合全省共享工程支中心及文化馆等部门共同开展资源建设工作。江苏省中心重点负责项目策划、项目管理及部分资源建设工作，各市支中心及文化馆部门在江苏省中心的指导下承担所在地区相关资源的建设工作。

2015年的《江苏不可移动文物》项目收录了不可移动文物保护单位类型、年代、文保级别等数据属性的解释，以及每一件文物本体信息的著录，从而形成系统、全面、完整的数据库体系。并根据数字图书馆数字资源建设的要求，进一步补充和完善对象数据，特别是重点文物的视频资源；对不可移动文物的特征属性进行深入研究。该项目对江苏不可移动文物的历史价值、文化内涵、现存情况等进行了全面、系统和权威的展现。资源有利于研究人员开展江苏地方历史文化的专题专项研究；在社会服务方面，通过文字、图像、音视频等多媒体展示。该项目对加强历史文物宣传，加深公众对文物价值的认知，继承优秀历史文化遗产具有重大意义。此外，该项数据库的建成将在乡土教育、旅游开发等方面具有广泛应用价值。

### 2.3.7 管理方式

在公共数字文化建设国家中心和江苏省中心对项目进行审批后，南京图书馆影像资源建设中心在项目建设过程中会分类、分阶段进行审核和管理。

### 1. 资金管理

项目资金的管理需要按照项目预算经费中的各项支出计划严格执行，同时根据地方财政报销审批制度进行财务报销。

南京图书馆影像资源建设中心在每年的项目经费中会单独划分一定比例的费用用于队伍建设，如软硬件设备的更新等。如在2015年的《江苏不可移动文物》项目中，将资源建设费用的规划做了详细部署（如表2.5）。

**表2.5　多媒体资源库经费预算**

<table>
<tr><th colspan="2">资金支出</th><th>单价</th><th>总额（万元）</th><th>说明</th></tr>
<tr><td colspan="2">资源建设费</td><td>—</td><td>325</td><td>约占项目经费的80%～95%</td></tr>
<tr><td rowspan="3">1</td><td>文案策划费</td><td>500元/集</td><td>3</td><td>不超过项目预算的2%</td></tr>
<tr><td>文字撰稿费</td><td>200元/千字</td><td>6</td><td rowspan="2">视频脚本解说字幕等文字，按30万字计算</td></tr>
<tr><td>文字编审费</td><td>50元/千字</td><td>1.5</td></tr>
<tr><td>2</td><td>图片拍摄制作费</td><td>50元/幅</td><td>75</td><td>按15 000幅图片，每张50元计</td></tr>
<tr><td>3</td><td>视频拍摄制作费</td><td>1 000元/分钟</td><td>150</td><td>对重点不可移动文物进行专题片拍摄，计划拍150集，10分钟/集，共1 500分钟。费用包括：摄像、摄影、配音、化妆、灯光、导演、制片、编导、演员、后期编辑等</td></tr>
<tr><td>4</td><td>音频录制费</td><td>—</td><td>—</td><td>非音频类资源，无此项费用</td></tr>
<tr><td rowspan="4">5</td><td>资源版权费</td><td>1 000元/条</td><td>67</td><td>仅用于资源库征集资源部分</td></tr>
<tr><td>文字素材版权</td><td>50元/千字</td><td>17</td><td>按340万字，每千字50元计算</td></tr>
<tr><td>图片素材版权</td><td>50元</td><td>50</td><td>按10 000幅图片，每张50元计</td></tr>
<tr><td>音频素材版权</td><td>—</td><td>—</td><td>非音频类资源，无此项费用</td></tr>
<tr><td rowspan="4">6</td><td>资源数字加工费</td><td>1 000元/条</td><td>7.5</td><td>仅用于资源库数据加工部分</td></tr>
<tr><td>元数据录入费</td><td>3.5元/条</td><td>2.1</td><td>6 000个单体文物，含图文资料整理</td></tr>
<tr><td>图片扫描费</td><td>3元/张</td><td>2.4</td><td>8 000千张原始图片扫描及处理，每张3元计</td></tr>
<tr><td>数据封装费</td><td>200元/条</td><td>3</td><td>用于数据库整体包装、FLASH、动画制作等，该项不超过项目预算的10%</td></tr>
<tr><td>7</td><td>专家咨询费</td><td>1 000元/条</td><td>5</td><td>该项不超过项目预算的2%</td></tr>
</table>

（续表）

| 资金支出 | | 单价 | 总额（万元） | 说明 |
|---|---|---|---|---|
| 8 | 调研费 | 1 000 元/条 | 5 | 需说明具体支出项，如会议、田野调查等。该项不超过项目预算的 2% |
| 9 | 出版/文献/信息传播/知识产权事务费 | 500 元/条 | 5 | 该项不超过项目预算的 1% |
| 软硬件设备 | | — | 30 | 该项不超过项目经费的 15% |
| 合　计 | | — | 355 | — |

**2. 人员管理**

不论是自主建设还是联合建设，都需要有相关的人员进行资源调配。在自主建设中，主创人员是否足够、辅助人员能否到位、后期剪辑与前期采集人员沟通与配合是否顺畅等都是建设单位需要进行合理安排和调度的工作。

南京图书馆影像资源建设中心经过十多年的资源建设，建设队伍的培养和磨合已至水到渠成的境界，从领会项目总体意向，到建设整体规划，再到分集具体设计和实地拍摄规划，最后到剪辑成片、宣传推广，每一步都有相应的具体人员设置和规划，做到合理、严谨、求真、务实。

南京图书馆影像资源建设中心在培养队伍的过程中，特别注重人才的培养，不仅队伍规模不断壮大，而且人员的专业素养也在不断提高，通过老带新、专带兼等方式，总结过去的实践经验，吸收专业理论知识，学习最新操作技巧，融合全新创作理念，努力用更符合广大读者审美需求的表现形式，把文化传承与艺术表现完美地结合在一起。

**3. 设备管理**

作为公共文化资源建设的主阵地，公共图书馆在地方资源共建共享的过程中，首先需要建立自己的有生力量，除了人员队伍以外，资源建设的设备亦尤为重要。不同于电视台和影视公司，许多动辄数万甚至数十万元摄像和编辑设备不是公共图书馆所能承担的。

南京图书馆影像资源建设中心通过多年项目建设的不断摸索，在紧跟时代潮流、了解当前技术更新的同时，结合自身情况和实际需求，通过广泛了解、重点调研、分析研究、测试检验等方式做了大量前期工作，在使用过程中也不断更新操作理念，学习最新设备知识，使设备的使用效能发挥到最大。

在设备使用和保存的管理方面，南京图书馆影像资源建设中心设置专门的器材储藏室，配备专人进行使用、保养、维修、报废等设备进出库的登记管理，形成一整套设备管理制度。

**4. 素材管理**

在数字资源建设的过程中，除了项目成果的制作上交外，素材的管理也非常重要。南京图书馆影像资源建设中心特别注重资源素材的整理、保存和再利用，尤其是与公共图书馆相关的素材，都会进行详细的加工、整理、归档和储存。

**5. 时间管理**

项目建设需要严格按照项目申报中的建设周期按时完成。南京图书馆影像资源建设中心通过结合自身队伍建设情况，将项目的建设周期控制在一年之内，而且在资源采集和后期制作的时间安排上也得心应手。江苏处于长江中下游地区，气候适宜，四季分明，因此资源建设团队将资源采集时间主要集中安排在春秋两季，此时温度适宜、景色优美，外景画面适合专题片的题材表现。而在冬夏两季，在严寒酷暑中则主要安排后期编辑。如此安排可以合理避免人员设备的损耗，降低资源采集成本，提高项目建设效率。当然，建设单位也要对当地资源状况、自身队伍情况以及项目本身的规划有一个非常清晰的了解和认识。

### 2.3.8 评审标准

项目成果最终上交给公共数字文化建设国家中心，由国家中心的评委对项目成果的各项指标进行评价打分，但是各省中心也有义务对本省上交的项目成果进行预审，减少项目成果被退回修改的概率和次数。

南京图书馆影像资源建设中心从项目申报开始就有专业人员进行项目把关，在项目建设过程中也会邀请专家进行指导和点评，最后项目成果提交前，还要经过多次审片，对文字、画面、配乐等方面进行多次审核，故而几乎每年的项目成果在上交公共数字文化建设国家中心后，都是一次通过，完全符合国家中心的各项要求。

# 第3章

# 基于非遗数据库探讨非遗项目选择标准

## 3.1 南京图书馆非遗系列专题片涉及的非遗项目

《何处忆江南——江苏非物质文化遗产》是南京图书馆2007年申报的《江苏省非物质文化遗产》项目，申报建设文化专题片20集，每集片长45分钟。该系列专题片选择了20个江苏非遗项目，分别是高邮民歌、惠山泥人、江南丝竹、南京云锦木机妆花手工织造技艺、秦淮灯彩、秦淮灯会、苏绣、昆曲、苏州甪直水乡妇女服饰、苏州评弹、苏州玄妙观道教音乐、桃花坞木版年画、锡剧、扬剧、扬派盆景技艺、扬州剪纸、扬州漆器、扬州清曲、扬州玉雕、南京白局。

《江苏特色博物馆揽胜》系列专题片中共拍摄了27个特色博物馆，其中与非遗相关的博物馆有18个，分别是中国淮扬菜博物馆、扬州盆景博物馆、南通风筝博物馆、南通蓝印花布博物馆、如皋丝毯艺术博物馆、中国苏州评弹博物馆、桃花坞木刻年画博物馆、扬州玉器博物馆、扬州中国雕版印刷博物馆、宜兴阳羡茶文化博物馆、中国醋文化博物馆、中国淮扬菜文化博物馆、中国剪纸博物馆、中国民族音乐博物馆、中国泥人博物馆、中国宜兴陶瓷博物馆、南京云锦博物馆、江苏淮剧博物馆。其中共涉及非遗项目19个。

## 3.2 分析选择标准

专题片的主题选择往往需要覆盖面广，力求做到均衡，以下从地域、种类和层级三个方面分析南京图书馆拍摄的非遗系列片中非遗项目的选择标准，从而进一步完善南京图书馆非遗专题片项目选择的一个基本标准。

### 3.2.1 地理位置

从《何处忆江南——江苏非物质文化遗产》系列专题片是南京图书馆比较早的一个尝试，从选取的 20 个非遗项目来看，主要分布在 4 个地区（详见表 3.1、图 3.1）：扬州、无锡、南京、苏州。从地理位置来看，长江以南地区较多（南京、苏州、无锡、镇江），长江以北地区较少（扬州）。

**表 3.1 《何处忆江南——江苏非物质文化遗产》非遗项目按地区划分**

| 地区 | | 非遗项目名称 |
|---|---|---|
| 苏南 | 无锡 | 惠山泥人、锡剧 |
| | 南京 | 南京白局、南京云锦木机妆花手工织造技艺、秦淮灯会 |
| | 苏州 | 江南丝竹、苏绣、昆曲、苏州甪直水乡妇女服饰、苏州评弹、苏州玄妙观道教音乐、桃花坞木版年画 |
| | 镇江 | 秦淮灯彩 |
| 苏北 | 扬州 | 高邮民歌、扬剧、扬派盆景技艺、扬州剪纸、扬州漆器、扬州清曲、扬州玉雕 |

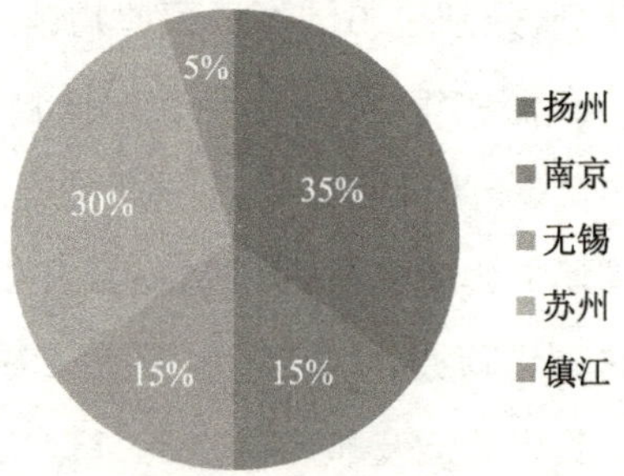


图 3.1 《何处忆江南》非遗项目地区占比图

《江苏特色博物馆揽胜》专题片角度相对特别，不是以非遗本身为主线，而是以博物馆这个历史文化空间为载体。其中 19 个与非遗相关的博物馆，分布在扬州、淮安、南通、南京、镇江、无锡、苏州、盐城这 8 个城市（详见表 3.2）。

**表 3.2 《江苏特色博物馆揽胜》非遗项目地理空间分布**

| 区域 | 博物馆 | 非遗项目 |
| --- | --- | --- |
| 江苏省 | 中国剪纸博物馆 | 中国剪纸 |
| 南京市 | 南京云锦博物馆 | 南京云锦木机妆花手工织造技艺 |
| 苏州市 | 中国民族音乐博物馆 | 江南丝竹 |
| | 中国苏州评弹博物馆 | 苏州评弹 |
| | 桃花坞木刻年画博物馆 | 桃花坞木版年画 |
| 镇江市 | 中国醋文化博物馆 | 镇江恒顺香醋酿制技艺 |
| 无锡市 | 中国泥人博物馆 | 惠山泥人 |
| | 宜兴阳羡茶文化博物馆 | 宜兴阳羡茶制作技艺 |
| | 中国宜兴陶瓷博物馆 | 宜兴紫砂陶制作技艺 |
| 扬州市 | 扬州盆景博物馆 | 扬派盆景技艺 |
| | 扬州玉器博物馆 | 扬州玉雕 |
| | 扬州中国雕版印刷博物馆 | 雕版印刷技艺 |
| | 中国淮扬菜博物馆 | 淮扬菜制作技艺 |
| 盐城市 | 江苏淮剧博物馆 | 淮剧 |
| 淮安市 | 中国淮扬菜文化博物馆 | 淮扬菜烹饪技艺、淮扬菜传说 |
| 南通市 | 南通风筝博物馆 | 南通板鹞风筝 |
| | 南通蓝印花布博物馆 | 南通蓝印花布印染技艺 |
| | 如皋丝毯艺术博物馆 | 如皋丝毯织造技艺 |

从地域的划分来看，苏南的 4 个城市（南京、苏州、镇江、无锡）共占 8 个非遗项目，苏北的 4 个城市（扬州、盐城、淮安、南通）共占 9 个非遗项目，相对均衡。

### 3.2.2 项目类别

《何处忆江南——江苏非物质文化遗产》系列专题片的非遗项目选择，从种类上来看基本覆盖了传统音乐、传统美术、传统技艺、传统戏剧、民俗、曲艺这 6 大类，传统医药、民间文学、传统舞蹈、传统体育这 4 大类未有涉及。其中侧重传统美术这一大类（详见表 3.3）。

**表 3.3 《何处忆江南——江苏非物质文化遗产》非遗项目种类分布**

| 种类 | 非遗项目名称 | 总计 |
|---|---|---|
| 传统音乐 | 高邮民歌、江南丝竹、苏州玄妙观道教音乐 | 3 |
| 传统美术 | 惠山泥人、秦淮灯彩、苏绣、桃花坞木版年画、扬派盆景技艺、扬州剪纸、扬州玉雕 | 7 |
| 传统技艺 | 南京云锦木机妆花手工织造技艺、扬州漆器 | 2 |
| 民俗 | 秦淮灯会、苏州甪直水乡妇女服饰 | 2 |
| 传统戏剧 | 昆曲、锡剧、扬剧 | 3 |
| 曲艺 | 苏州评弹、扬州清曲、南京白局 | 3 |

《江苏特色博物馆揽胜》系列专题片涉及的非遗项目，从种类上分共有传统技艺、民间文学、传统美术、曲艺、传统音乐、传统戏剧这 6 类（详见表 3.4）。但是从每个种类的分布上来看，更侧重于传统技艺和传统美术这两大类的非遗项目。

**表 3.4 《江苏特色博物馆揽胜》非遗项目种类分布**

| 类别 | 非遗项目 |
|---|---|
| 传统技艺 | 淮扬菜制作技艺、淮扬菜烹饪技艺、南通板鹞风筝、南通蓝印花布印染技艺、如皋丝毯织造技艺、雕版印刷技艺、宜兴阳羡茶制作技艺、镇江恒顺香醋酿制技艺、宜兴紫砂陶制作技艺、南京云锦木机妆花手工织造技艺 |
| 民间文学 | 淮扬菜传说 |

（续表）

| 类别 | 非遗项目 |
|---|---|
| 传统美术 | 扬派盆景技艺、桃花坞木版年画、扬州玉雕、中国剪纸、惠山泥人 |
| 曲艺 | 苏州评弹 |
| 传统音乐 | 江南丝竹 |
| 传统戏剧 | 淮剧 |



### 3.2.3 层级

《何处忆江南——江苏非物质文化遗产》的 20 个项目均为国家级非遗项目。

《江苏特色博物馆揽胜》系列专题片的非遗项目包含了人类非遗名录、国家级、省级、市级这 4 个级别的非遗项目，相较于《何处忆江南——江苏非物质文化遗产》的非遗项目选择，覆盖面更广、层级更多，照顾到了一些鲜为人知的非遗项目（详见图 3.2）。由图表可看出，仍然以国家级非遗为主。

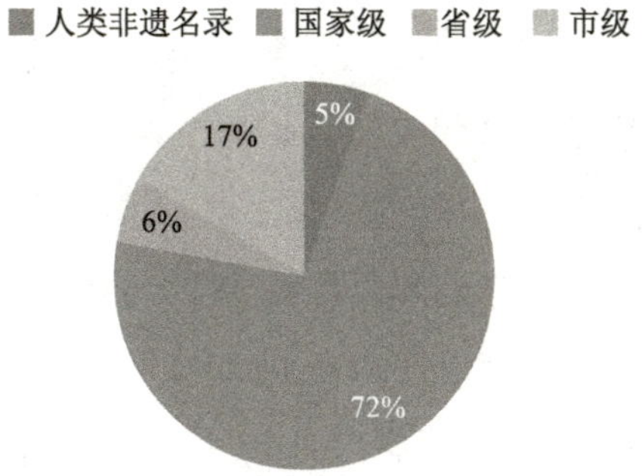


图 3.2 《江苏特色博物馆揽胜》中非遗项目层级分布图

## 3.3 历史沿革和传承现状

从先秦到西晋，我国的经济重心一直位于北方，北方的发展也远远超过南方地区，三国时期的东吴和蜀国地区虽然有一定程度的开发，但因为经济基础薄弱，始终没有产生较大影响。魏晋以来，北方有大批农民为避战乱，流亡到江南地区，带来先进的生产技术和充足的劳动力，使南方地区得到了初步的开发。此后，这一趋势不断加强，南方地区以其优越的自然地理条件和安定的社会局势，逐渐取代北方成为新的经济重心。南方地区的农业、手工业和商业等迅速发展。地处长江中下游平原的江苏地区抓住了这个历史契机，利用丰富的自然资源和良好的区位因素在全国占据重要地位。在传统手工业、戏曲文化艺术上，都得到了充分的发展，为中华文化留下了无数瑰宝。

### 3.3.1 《何处忆江南——江苏非物质文化遗产》中非遗项目的历史沿革

#### 1. 高邮民歌

高邮民歌是集劳动号子、情歌、小调、对歌、宗教歌、儿歌等多种表现内容和形式为一体，节奏婉转悠扬，风格自然清新，具有非常高的历史价值和文化意义的原始歌谣。

高邮的历史可追溯到7 000多年前的“龙虬文化”，当时的“龙虬人”就生活在现在的高邮一带，那时就已经有高邮民歌流传，但因传播手段落后，当时的歌谣无法得到有效的文字记载和保存。但高邮作为一座拥有2 000多年历史的古城，在漫长的发展中积淀了丰厚的文化底蕴，并逐渐孕育出高邮民歌这一独具艺术特色和审美价值的瑰宝。其词曲最早可上溯到古代“驱傩”表演中的“散鲜花”。隋唐两宋时期，随着大运河的开通，北方人开始大规模进入苏北里下河地区，随后在南北方音乐的碰撞交融中，高邮民歌以独特的艺术风格正式登上历史舞台。而到了元明时期，杂剧、散曲等“下里巴人”文化形式得到了广泛普及，为高邮民歌成型奠定了坚实基础。清朝到民国时期，高邮民歌经过上千年的传承发展，已经形成相对完善、极具规模的传承谱系，并在新鲜民歌元素的融入中不断迸发出时代活力。清末民初高邮诗人韦柏森作有《秦邮竹枝词》百首，其中“那如田父秧歌趣，齐唱家家隔垛多”的诗句即反映了当时高邮民歌空前流行的盛况。

2006年高邮民歌正式列入江苏省非物质文化遗产，并在2008年正式列入

国家级非物质文化遗产，高邮一跃成为举足轻重的“民歌之乡”[1]。（如图 3.3）

图 3.3　高邮民歌　表演

**2. 惠山泥人**

泥塑经过史前社会原始神性崇拜的孕育，通过规模宏大的先秦汉唐时期宗教文化的滋养，到了宋代有了长足的进步，表现手法成熟，艺术形式多样，从高高的庙堂走进了平常人家。

无锡，公元前 202 年置县，1295 年升为州。无锡泥人的生产和销售都集中在无锡惠山附近，故无锡泥人又称“惠山泥人”。无锡惠山泥人的制作始于明末，《古今图书集成》有载。清代开始出现专业化的惠山泥人手工作坊，五里长街、上下河塘开设了数十家泥人店、两百多家泥人作坊，形成有名的“泥人街”。20 世纪初，惠山镇的泥人店不少于 120 家，这一状况一直延续至今。

惠山泥人按行话分为粗货（模具制作为主）和细货（手捏制作为主）两类。戏文泥塑属于行话“细货”中最有代表性的一种，有手捏戏文、大戏文、小板戏三种[2]。

无锡惠山泥人于 2006 年入选第一批国家非物质文化遗产名录（如图 3.4）。

**3. 江南丝竹**

江南丝竹是流行于江苏南部、浙江西部、上海地区的丝竹音乐的统称。因乐队主要由二胡、扬琴、琵琶、三弦、秦琴、笛、箫等丝竹类乐器组成，故名。

[1] 庞婷文.非遗保护视角下高邮民歌的传承与发展研究[J].当代音乐，2018(1)：62-65.
[2] 王美诗.手捏戏文泥土神韵——院藏无锡泥人[J].文物天地，2016(4)：57-60.

图 3.4　惠山泥人　手捏戏文

明代嘉隆年间，以魏良辅为首的戏曲音乐家们在太仓南码头创制昆曲水磨腔的同时，以张野塘为中坚人物组成了规模完整的丝竹乐队，用工尺谱演奏，由昆曲班社、堂名鼓手兼奏，后逐渐形成丝竹演奏的专职班社。明万历末在吴中（苏州地区）形成了新的乐种“弦索”，可算得上是江南丝竹的前身。它与民俗活动密切结合，有着广泛的群众基础，后正式定名为江南丝竹。江南丝竹音乐的产生和延续，对民族音乐史的研究及戏曲、民俗文化、群众文化的发展都有重要的作用。江南丝竹是江南水乡文化杰出的代表之一。

江南丝竹于 2006 年入选第一批国家非物质文化遗产名录（如图 3.5）。

图 3.5　江南丝竹　演奏现场

#### 4. 南京云锦木机妆花手工织造技艺

云锦是中国传统的丝制品，因其色泽绚烂、美如天上云霞而得名，其织造精细、图案华丽，2006 年南京云锦木机妆花手工织造技艺被列入第一批国家级非物质文化遗产名录，2009 年入选人类非物质文化遗产代表作名录。南京云锦在吸收其他各种丝织技艺优秀经验的基础上，将自身风格不断发展，代表了中国丝织工艺的最高成就。

云锦的发展与南京的建城史密切相关，南京丝织业发轫于三国东吴时期。东晋时期丝织业继续发展，并在全国占据重要一席。公元 417 年在建康设置了锦署，位于秦淮河南岸的斗场市，故史称斗场锦署，官府手工业体系初具雏形[1]，这是南京历史上的第一个官办织锦机构，标志着南京云锦正式走上了历史舞台，对金陵丝织业的发展有着重要影响。此后的王朝纷纷在南京设立官府织造机构，极大地推动了云锦业的快速发展。元明清三朝先后在南京设立过“以官领之，以授匠作”的中央性质织造机构。元朝有东织染局、西织染局，明朝有内织染局、神帛堂、供应机房，清代在南京设立“江宁织造局”[2]。三朝织局生产出大量的丝织精品，主要用于御用、官用和赏赐等方面。南京云锦业发展到最鼎盛时拥有三万多台织机，从业人员几十万，是当时南京地区规模最大的手工业。云锦区别于其他织锦最大的特点，即云锦通常会采用大量的金线和妆花，故有“寸锦寸金”一说（如图 3.6）。

图 3.6　云锦　明万历皇帝织金孔雀羽妆花纱龙袍

[1] 朱同芳.中华瑰宝：南京云锦[M].南京：南京出版社，2003：2.
[2] 戴健.南京云锦[M].苏州：苏州大学出版社，2009：2.

## 5. 苏绣

苏绣指的是以苏州为中心的吴地手工刺绣品，与湘绣、粤绣、蜀绣并称中国四大明绣。苏绣从最初仅指苏州本地生产的刺绣产品，逐渐发展到指以苏州为中心的吴地手工丝织品[1]。苏绣技艺精湛，历史悠久，于2006年成功入选第一批国家级非物质文化遗产名录。

苏州地区拥有绝佳的地理条件，气候适宜，蚕桑资源尤为丰富，早在新石器时代苏州地区的人民就开始饲养蚕，蚕桑业和丝织业已经开始孕育。在苏州吴江的梅堰新石器时期遗址曾出土过56根骨针，长短不一，这些骨针的磨制穿孔技术较精细[2]。骨针的出现为苏州地区刺绣的发展提供了重要的工具。至宋代随着全国政治、经济重心不断南移，织绣中心也转移到了江南地区。苏州地区目前发现的最早的刺绣实物是1956年出土于苏州虎丘塔中的五块罗地刺绣经帙，是北宋早期作品，可见刺绣艺术不仅发展到了一个更加成熟的阶段且具备了相当高的水准。明代文渊阁大学士王鏊在其编纂的《姑苏志》中写道："精、细、雅、洁，称苏州绣。"[3]这是苏州地方志中首次以书面形式记载苏绣一词，并对苏绣的特点进行了概括，是苏绣艺术正式形成的标志。苏绣长期浸染在吴地浓厚的文化氛围中，逐渐形成了自身淡雅、柔美的风格。明清以后，苏绣艺术最终迈向巅峰。在历史的漫漫长河中，苏绣被吴地文化不断地影响濡染，也在一定程度上受到宋元书法绘画艺术的影响，吸收了其他刺绣技艺优秀之处的同时，将自身的风格融合传承，并在明清时期形成了最终体。清代苏绣成为行业，商品绣极为发达，苏州因此有"绣市"之称。道光年间，苏州女子丁佩总结刺绣技艺，完成了中国第一部刺绣专业著作《绣谱》；清末民初，苏绣名家沈寿创"仿真绣"，晚年口述《雪宧绣谱》，总结刺绣经验；20世纪30年代，苏绣名家杨守玉创"乱针绣"，丰富和扩展了苏绣的题材与内涵；20世纪50年代，苏州刺绣研究所建立，聚集、培养了大批苏绣人才，她们在继承传统绣法的基础上研究和创制了多种绣法与针法，使苏绣技艺不断发展和提高（如图3.7）。

---

[1] 孙佩兰.吴地苏绣[M].苏州：苏州大学出版社，2009：1.

[2] 江苏省文物考古队.江苏吴江梅堰新石器时代遗址[J].考古，1963(6)：308-318.

[3] 孙佩兰.吴地苏绣[M].苏州：苏州大学出版社，2009：1.

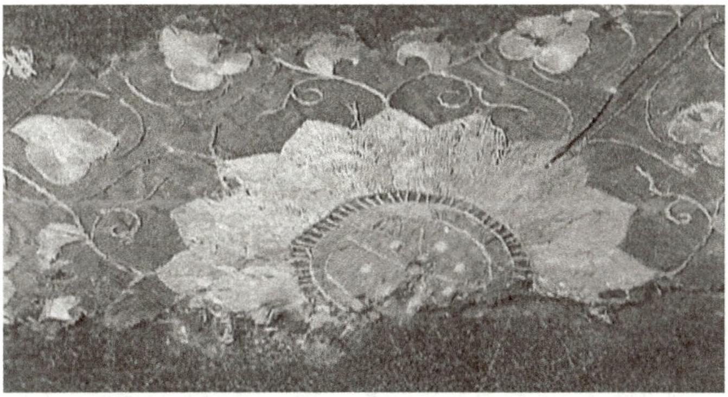

图 3.7　苏绣　虎丘出土的罗地刺绣经帙



**6. 秦淮灯彩**

秦淮灯彩亦称“金陵灯彩”“南京灯彩”，是南京地区最具代表性的民间艺术之一。它具有十分悠久的历史，早在东晋时期，这一地区即已出现了有关灯彩的文献记载。早在东吴时期孙权建都南京时，在岁时岁庆、欢乐喜庆等重要场合出现了张灯结彩的现象；后来到了南朝，随着人文精神的兴起，灯彩从深宫禁院逐渐走向民间，形成灯火满市井的壮观场景；明代初期朱元璋定都南京后，为了招揽天下富商营造盛世的氛围，竭力提倡元宵灯节，将放灯时间延长。至此，灯彩艺术得到了很大的发展，秦淮灯彩的品种也发展到两三百种之多，秦淮灯火甲天下的美誉随之蜚声天下。永乐七年（1409 年），明成祖朱棣赐百官上元节假十日，要求家家户户张灯结彩营造节日气氛，三年后又下令在南京皇宫午门外，集能工巧匠筹办灯会，精心扎制鳌山万岁灯，与民同乐，并且以后年年如此。明代中期以后，南京已成为当时世界上屈指可数的大都市之一，明代大画家仇英的《南都繁会景物图》画卷形象地描绘了当时南京内秦淮河畔至三山街一带张灯结彩的繁华景象。明代后期，《正德江宁县志》记载：“灯有楮练、纱帛、鱼鱿、羊皮、料丝诸品，又有街途串游者曰滚灯、曰槊灯，商谜者曰弹壁灯，繁华的灯彩让人目不暇接。”此时秦淮河的画舫上也开始悬挂花灯，称之为灯船，并在明万历年间进入一个发展高潮。清代沿明旧习，元宵灯节的文化娱乐活动更加丰富多彩，正月十五日及前后两天，清宫及北京市肆均悬灯庆贺节日。曹雪芹在《红楼梦》第十七、十八回中描写了大观园中的元宵灯节盛景。

秦淮灯彩于2008年入选第二批国家级非物质文化遗产名录(如图3.8)。

图3.8 秦淮灯彩 麒麟送子灯

**7. 秦淮灯会**

秦淮彩灯的历史最早可以追溯到魏晋南北朝时期,根据文献记载,早在南朝伊始南京城就曾举办过元宵灯会,为了祈求风调雨顺、家庭美满和天下太平,张灯结彩的景况开始从深宫禁苑、宗教场所走向民间大众,灯火满市井的场景颇为壮观。对此,梁简文帝萧纲、陈后主等都曾用生动的诗歌,描绘了南朝利用灯彩来增添节日气氛的社会风尚。唐代时秦淮灯彩得到迅速发展,张灯时间由原来的一夜变成了农历正月十四日至十六日三夜。元宵节时间还取消宵禁,人们在这几天的晚上可以自由外出来往,这对元宵观灯的发展起到了推动的作用。到了明代秦淮灯彩达到了鼎盛,1368年朱元璋在应天府建立了大明王朝,并以此为京师改名南京。明代初期朱元璋为了招徕天下富商建设南京,营造盛世氛围,竭力提倡灯节这一盛事,并索性将每年元宵节张灯时间延长至十夜,使之成为我国历史上时间最长的灯节。洪武五年(1372年)的元宵节朱元璋下令在秦淮河上燃放万盏水灯,并亲赐了“佳水佳山佳风佳月千秋佳地,痴声痴色痴梦痴情几辈痴人”的对联,竭力渲染元宵佳节的风月太平。是夜,民众纷纷走出家门,南京街头热闹非凡。朱元璋还是一位制作灯谜的高手,曾写过不少趣味横生的灯谜,可以说由于朱元璋个人对灯彩的喜好和偏爱,在一定程度上促进了秦淮元宵灯会内容向更加丰富多彩的方向发展。永乐七年(1409年),明成祖朱棣以正月癸丑为始，赐百官上元节假十日，并继续张灯结彩，营造节日气氛。三年后又下令在南京皇宫午门外集能工巧匠筹办灯会，精心扎制鳌山万岁灯并且与民同乐。据《明实录》记载，永乐十年正月元宵，上赐百官宴，听臣民赴午门外观鳌山三日，自是岁以为常。此时的灯彩已开始演变成为人们舞弄玩耍的道具，如舞龙灯、猴子灯等，这以后每到元宵节，老百姓纷纷走上街头看花灯、猜灯谜、观烟火、赏歌舞。



虽然在 1421 年朱棣正式迁都北京，但南京作为留都仍是当时全国最大的城市。明代中期以后城市人口已由明初的 47 万猛增到 120 万。秦淮灯彩也随着城市的繁荣和发展变得更加丰富多彩，仅花灯的品种就约有 300 种，出现了虎灯、蛤蟆灯、鱼灯、虾灯、蟹灯、荷花灯、菱灯、藕灯等动植物造型的灯彩。而秦淮灯彩的展示也不仅仅局限于元宵节前后的十天，在其他时节也能感受到元宵节的气息。清朝时期和民国初期，秦淮灯彩延续了明代灯火的盛景，繁花似锦的景象依然呈现在秦淮河畔。此时还出现了一些表现神话故事和民间传说等题材的灯彩，大大提升了秦淮灯彩的文化特色和艺术魅力。

秦淮灯会于 2006 年入选第一批国家级非物质文化遗产名录(图 3.9)。

图 3.9　秦淮灯会

**8. 昆曲**

昆曲又称昆腔、昆山腔、昆剧，是元末明初南戏发展到昆山一带，与当地的音乐、歌舞、语言结合而生成的一个新的声腔剧种。明代初年在昆山地区形成了“昆山腔”，嘉靖年间经过魏良辅等人的革新，昆山腔吸收北曲及海盐腔、弋阳腔的长处，形成委婉细腻、流丽悠长的“水磨调”风格，昆曲至此基本成型。梁辰鱼将传奇《浣纱记》（图 3.10）以昆曲形式搬上舞台，使原来主要用于清唱的昆曲正式进入戏剧表演领域，进一步扩大了影响。万历年间，昆曲从江浙一带逐渐流播到全国各地。明代天启初年到清代康熙末年的一百多年是昆曲蓬勃兴盛的时期。清代乾隆年以后，昆曲逐渐衰落下去。明清许多从事昆曲剧目创作的剧作家，取得了很高的文学成就。《琵琶记》《牡丹亭》《长生殿》《鸣凤记》《玉簪记》《红梨记》《水浒记》《烂柯山》《十五贯》等都是昆曲的代表性剧目，其中前三种有全谱或接近全本的工尺谱留存。清代中叶以后，昆曲主要以折子戏形式演出，至今保留下来的昆曲折子戏有 400 多出。

昆曲历史悠久，影响广泛而深远，它是传统文化的结晶，也是戏曲表演的典范。昆曲艺术形式精致，内涵深厚。由于昆曲具有的独特文化价值，因此，2001 年入选联合国教科文组织首批“人类口头和非物质遗产代表作”，2006 年入选第一批国家级非物质文化遗产名录。

图 3.10　昆曲《浣纱记》

**9. 苏州甪直水乡妇女服饰**

苏州地区的东部，人们习惯上称为吴东，这里是典型的水乡泽国，江河沟浜，纵横交错，湖荡潭地，星罗棋布。早在五千多年前，这里就有先民聚居，并开始捕猎、种植和养殖活动。甪直水乡妇女服饰，是吴东地区妇女服饰的典型代表，是当地人们在长期的生产劳动过程中，逐步创造出来的。甪直水乡妇女服饰的源头，也许可以追溯到远古时期，良渚文化的稻作农业经济初期。妇女在水稻田里劳作，经常受到水生植物的侵害，于是将衣袖口和裤脚口，制作得很小，只能勉强穿进去，劳作时也更为利索。而在插秧、耘稻、收割的时候，弯腰屈背，头发容易被风吹散沾上灰尘，便有了包头的产生。心灵手巧的水乡妇女，顺应自然条件的变化，田间劳作的需求，以及人们审美情趣的变异，不断对水乡服饰进行创造和改进，形成了独特的、青莲衫子藕荷裳的服饰文化。直到20世纪60年代，这种服饰在吴东地区还相当普遍，传承稳定，堪称水乡文化的活化石。吴东地区妇女服饰，最早见于史书的，是《吴越春秋》的记载：越王勾践入臣于吴，服犊鼻，着樵头，夫人衣无缘之裳，施左关之襦。《旧唐书》中也有记载：江南则以巾褐裙襦。所谓的裙襦，应该就是水乡妇女穿着的襕裙和围裙了。可以想见，吴东地区妇女服饰，很早就形成了自己的风格，并为世人所瞩目。一个地方的历史文化，总是通过特定的标志符号来演示。千百年来，孕育并传承着鲜活的吴东地区水乡文化传统的，不是“人家尽枕河”、水巷小桥多的诗情画意，而是这里朴实而秀美的水乡妇女服饰文化。生活在苏州以东的甪直、胜浦、车坊、斜塘、唯亭、陈墓、锦溪、周庄等地的农村妇女，长期以来依然保留着穿戴传统民俗服饰的习惯。唐宋以来，吴东地区经济繁荣、交通便利，文化交流活跃。在发达而开放的这一块300多平方公里的汉族地区，仍能够完整系统地保存着古老的汉族服饰传统，而与附近地区人们的服饰有明显的区别(如图3.11)。

图3.11　苏州甪直水乡妇女服饰　拼接衫

### 10. 苏州评弹

苏州评弹，简称评弹，又称说书或南词，是一门古老、优美的说唱艺术，起源于苏州。在明代，苏州地区就已经有说书活动。据《吴县志》记载："明清两朝盛行弹词、评话，二者决然不同，而总名皆曰说书，发源于吴中。"清朝乾隆皇帝到苏州时，曾召王周士弹唱《游龙传》。他晚年创立了评弹历史上第一个行会组织——光裕公所（后称光裕社）。光裕社成立后，评弹艺术得到了迅速发展。在清嘉庆、道光年间，出现了陈遇干、俞秀山、毛菖佩、陆世珍四大名家，称为"前四大家"。他们技艺高超，提高了评弹艺术的总体水平，扩大了评弹的影响。到了清同治、光绪年间，评弹（当时又称为苏州说书）演出已经不局限于苏州地区。1846年，上海开埠以后，经济和文化都快速发展，人口日益膨胀。其中以江苏人为多，其中苏州地区人民所占比例尤高，一度出现"街头巷尾尽吴语"的情景。评弹进入上海以后，向艺术的深度、广度和高度发展。此时，在苏沪地区又出现了马如飞、姚时章、赵湘洲、王石泉四大名家，称为"后四大家"。这是评弹艺术成熟的标志，为以后的大发展奠定了基础[1]。

苏州评弹于2006年入选第一批国家非物质文化遗产名录（如图3.12、图3.13）。

图3.12　王周士创立的光裕公所

[1] 周良.中国苏州评弹[M].上海：百家出版社，2002：65.

图 3.13 苏州评弹表演



**11. 苏州玄妙观道教音乐**

道教是中国土生土长的民族宗教，晋代以来，道教斋醮科仪等规范的敬神愉神仪式的出现，使道教音乐得以滋生和发展。以玄妙观道教音乐为代表的苏州道乐历史悠久，其流传范围主要在苏州城区及周边市郊地区，而其影响所及，可达常熟、吴江、昆山、太仓等所辖县市以及苏南其他地区。苏州道教音乐结构完整，对比强烈，表现力丰富，具有很高的艺术价值和历史见证价值。

苏州道教音乐的历史，可追溯至西晋五斗米道传入吴地的时期。五斗米道承袭古代祭礼的仪式，为苏州道教醮仪的形成奠定了基础。两晋南北朝时期，南派天师道领袖陆修静，对道教音乐作了改革，他的改革重点在于斋乐方面。陆修静建立了完备的斋仪体系，照本宣科、依科阐事，使科仪音乐的表演和传承，有了统一模板，并且构建了较完整的斋乐曲目体系，为后世道教科仪音乐沿用。他创立的以清虚适静为旨趣的道教音乐审美风格，将音乐、仪式和存思，融合为有机联系的整体。同时，北朝道士寇谦之改直诵为音诵，创制了经韵韵腔。隋唐以后，苏州道教受正一派的影响，对灵宝、上清、神霄等派均有涉及。明末清初，玄妙观道士施亮生辑成斋天、忏悔、全表、全符、施食等科书，作为法事活动的规范。清代嘉庆四年(1799 年)，吴县道士曹希圣，根据同县道士吾定庵所辑曲本，重订了钧天妙乐，俗称曹谱，其中搜集了古笛曲，及新笛曲等 96 首。这些科书和曹谱，至今仍是苏州道教进行斋醮法事和道乐演奏的依据。清代以来，由于帝王对天师道的排斥，天师道为了自身的生存与发展，不得不面向民众，使科仪音乐向民间音乐的方向进一步发展，并且丰富了原有的韵腔。这一时期，天师道音乐明显特点是，器乐分量大大突出，民间世俗音乐大量应用，显著地增强了苏州道教音乐的地方特色。清代末年到新中国成立前夕，苏州道教迫于社会环境，日趋衰落，玄妙观等宫观的一些房宇开始出租。但道教和道教音乐在民众中的影响仍然相当广泛。苏州道乐在历史上，曾涌现过不少著名乐师，他们或精于音律善于编曲，或乐器演奏技艺精湛，或在经韵吟唱方面造诣深厚，在道乐界具有很大影响。

苏州道教音乐于2006年入选第一批国家非物质文化遗产名录。（如图3.14）

图3.14　苏州玄妙观道教音乐表演

**12. 桃花坞木版年画**

民间年画在中国有着悠久的历史，可以追溯到汉代，用于避邪的桃符之类的门画，到宋代木版印刷术开始应用于年画制作。由于是雕版印刷，年画得以大量生产和销售，由此木版年画在宋代开始形成。桃花坞木版年画题材丰富，贴近民间生活，且工艺特色鲜明，又价廉物美，因此流传于江南一带和太湖流域。

桃花坞，是指今天桃花坞大街及其周边地区。桃花坞的名称由来已久，宋代范成大，《阊门泛槎》诗有“桃坞论今昔”之句。宋末元初，曾住在桃花坞的徐大焯，在《烬余录》中详细描述了当时桃花坞的范围：“入阊门河而东，循能仁寺、章家河而北，过石塘桥出齐门，古皆称桃花河。河西北皆桃坞地，广袤所至，赅大云乡全境。”明代弘治年间，著名画家唐寅，用卖画所得的积蓄，购得章楶的桃花坞别墅，取名为桃花庵，并在四周种桃树几亩，自号“桃花庵主”，使得桃花坞的名声远扬。桃花坞木版年画的得名，源于约一百六十年前的那场战争，太平天国时，清军攻入苏州，兵火七天七夜，将山塘街年画作坊烧毁殆尽，使苏州的年画生产只剩桃花坞。当时的桃花坞，百姓民宅鳞次栉比，年画作坊比比皆是，桃花坞年画因此出名，成为明清时期中国民间木版年画最杰出的代表之一。桃花坞木版年画的发展，经历了由盛而衰的过程，它起源于明朝，盛行于清代雍正乾隆年间，桃花坞成为我国南方的年画中心，与天津杨柳青相互辉映，世称南桃北柳。桃花坞的年画铺，最兴盛时有数十家，此后由于社会需求的改变和战争灾难，画铺逐渐凋零。到新中国成立前夕，仅剩下王荣兴、朱瑞记和朱荣记三家。



桃花坞木版年画于2006年入选第一批国家非物质文化遗产名录（如图3.15）。

图3.15 桃花坞木版年画作品《一团和气》

**13. 锡剧**

锡剧，是源于常州、无锡一带男女叙事的对唱山歌，当地乡民经常用民歌小曲说唱故事以自娱，这种形式在当时被称作“东乡调”。此后，逐渐与道情[1]、

[1] 道情是汉族曲艺品种的一个类别，多以唱为主，以说为辅，有坐唱、站唱、单口、对口等表演形式。

唱春[1]、宣卷[2]相融合，演变成为“滩簧”[3]，后又吸收了苏南一带“采茶灯”中的舞蹈，逐渐发展成为“滩簧小戏”。

锡剧的发展，一般认为经历了“对子戏时期”“小同场戏时期”“大同场戏时期”(常锡文戏时期)等几个阶段。道光年间，开始出现半职业及职业滩簧艺人，少数艺人进常州、无锡城内演出。伴随着滩簧戏队伍的不断扩充，吸引了更多女艺人的加入，演出的影响也遍及更广阔的区域，但由于滩簧小戏所演多数是男女爱情剧目，一度曾遭到取缔(常州市武进县的三河口乡、新安乡、东安乡先后发现道光三十年所立四块关于“禁演滩簧”的发文)。然而，禁演事实不仅没有阻止群众热爱滩簧之风，相反演出愈加繁忙，收徒、招人、组班，从业队伍不断壮大，专业化程度也越来越高，一些农村知识分子也纷纷加入滩簧队伍，班社之间不断竞争，促使剧目内容更加丰富、戏剧情节更加复杂，出现除了“三小”[4]之外，又加入老生、老旦、滑稽等三至五个角色的剧目。剧目的发展、曲调的丰富，突破了“对子戏”的形式，开启了同场戏时期。其中，同场戏的初期叫“小同场戏”，表现为专业艺人增多，剧目中角色增加并逐渐进入城镇演出。到 20 世纪 20 年代初期，曲目由农村题材转向宣卷、弹词的故事，并发展成为生、旦、净、丑等多种角色出演的“大同场戏”。辛亥革命以后的二十余年间，滩簧被视为淫调有伤风化，无锡、武进等地多次下令取缔滩簧演出。这一期间，迫使许多滩簧艺人向外地流动，随着沪宁铁路的建成，沿线农民、小手工业者大量涌入上海谋生，中国政府无权对当时的上海租界进行干涉，亦无权禁戏，这为滩簧进入上海创造了条件。直到民国十四年(1925 年)，统一改称为“常锡文戏”。20 世纪 30 年代中期，产生了一大批大型的连台戏本，标志着常锡文戏进入同场戏阶段的“大同场戏时期”。1953 年，组建江苏省锡剧团，此后，常锡剧简称“锡剧”。

2007 年，锡剧入选第一批江苏省非物质文化遗产名录；2008 年，锡剧入选

[1] 唱春即在贺新春时进行的演唱，旧时一般发生在春节农闲时，唱春艺人为了索取赏钱，唱词多是吉利话，每到一村，总是挨门换户地唱过去，唱到人家酬以赏钱，便另换人家。现是江苏常州地区流传较广、影响较大的汉族民间文艺活动之一，其曲调旧称“常州调”，俗称“春调”。

[2] 宣卷即讲书，由一人主宣，二人帮衬，小乐队伴奏，其形式近似苏州评弹，又不尽相同，更具特色。

[3] 亭中围聚成摊，亦作“滩”，其所唱曲调主要调式为簧调，故称“滩簧”。

[4] 戏曲行当中的小生、小旦、小丑。

第二批国家非物质文化遗产名录(如图 3.16)。

图 3.16　锡剧《二泉映月》

**14. 扬剧**

扬剧原名维扬戏,俗称扬州戏,流行于江苏省的扬州、镇江、南京地区和安徽省的部分地区及上海一带。它以扬州民间歌舞小戏花鼓戏和苏北民间酬神赛会时由男巫扮演的香火戏为基础,吸收扬州清曲、地方民歌小调而最终成型。1911 年,苏北香火戏由扬州进入上海,改称“维扬大班”。1920 年,扬州花鼓戏进入上海,改称“维扬文戏”。20 世纪 30 年代初,两种戏合并形成维扬戏,后简称扬剧。

扬剧于 2006 年入选第一批国家级非物质文化遗产名录(如图 3.17)。

图 3.17　扬剧《史可法》

**15. 扬派盆景技艺**

盆景起源于观赏植物，早在商周时期便有了观赏名木、花卉的习俗。汉代已出现“构石为山”的盆景，这一点在汉墓壁画上可以找到不少证据。魏晋以来，盆景制作取得了较大发展。至唐代，盆景成为富贵家庭的陈设品，当时的许多壁画和绢画都反映了这一状况。入清以后，传统的盆景艺术得到长足发展，进入了兴盛时期。

中国盆景制作技艺集中在江苏的苏州、扬州和安徽、广东等地，艺术风格虽各不相同，但总体上都是小中见大、虚实相间，既讲究艺术加工，又追求自然品格，反对过分的雕凿和修饰。

流传于江苏省扬州市的扬派盆景技艺是中国盆景艺术极其重要的组成部分，它形成于明代，成熟于清代，享誉于当代，几与中国盆景的发展历史同步。清幽雅致的扬派盆景既得益于扬州文化，又是扬州文化不可或缺的一部分。

位于江苏中部长江下游的泰州系亚热带湿润气候，利于盆景剪扎。泰州盆景也属于扬派盆景，其历史十分久远，有史料可考的松林庵六朝松即是六朝时期出现的一种树形奇特的大型盆景。泰州盆景园现今还养护着一盆名为“郭子仪带子上朝”的明代崇祯年间的古柏盆景，具有很高的历史文化和工艺研究价值。民国初年，泰州盆景艺人王子怡等以卖盆景、剪扎盆景为生，在泰州一带颇有名声。20世纪50年代，王氏后裔在赴山区采集盆景树桩材料的过程中，总结泰州盆景传统造型技法并加以进一步的发展。在盆景选材上，提出“山林气”的设计理念，在枝片布局上又提出“云片式”的构图方法，这些高屋建瓴的认识使泰州盆景达到了新的艺术高度。作为扬派盆景技艺的重要分支，泰州盆景技艺具有很鲜明的工艺特色，是研究江苏历史文化的重要参考对象。

扬派盆景于2008年入选第二批国家级非物质文化遗产名录（如图3.18）。

**16. 扬州剪纸**

扬州是中国剪纸流行最早的地区之一，唐宋时期就有“剪纸报春”的习俗。扬州人在立春之日剪纸为花，做成春蝶、春线、春胜等样式，“或悬于佳人之首，或缀于花下”，观以为乐。另外还剪制纸钱、纸马等，专门用于祭奠。至清代，扬州商业兴盛，剪纸艺人亦数量大增，嘉、道年间的著名剪纸艺人包钧，技艺超群，

图 3.18　扬派盆景

有“神剪”之誉。扬州的剪纸艺人还根据需要创作绣品底样，大至门帘帐沿、被服枕套，小至镜服香囊、绢帕笔袋，有绣花必有纸样，扬州人称剪纸样的艺人为“剪花样的”。

扬州剪纸于 2006 年入选第一批国家级非物质文化遗产名录(如图 3.19)。

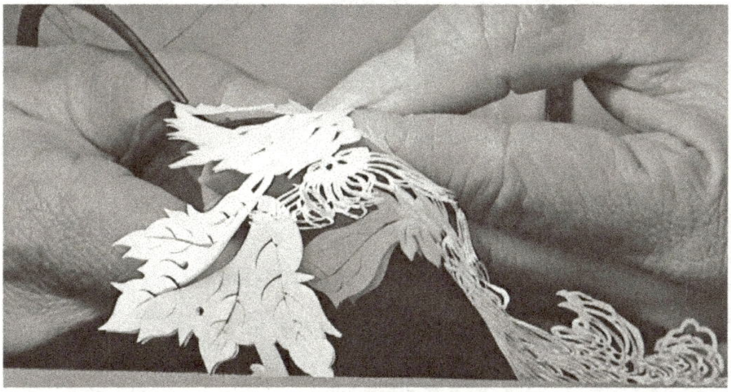

图 3.19　扬州剪纸技艺

**17. 扬州漆器髹饰技艺**

扬州漆器为中国传统的特种工艺品，它历史悠久，品种齐全，技艺精湛，风格独特，蜚声中外。

早在两千三百多年前的战国时期，扬州漆器髹饰技艺就已开始出现，从出土实物可以看出，当时漆器的造型和髹饰技法已有较高水平。到了汉代，漆器被广泛用于许多领域,造型和装饰手法更为精美多变。扬州市郊出土的汉代漆器不下万件,以彩绘漆器居多,器型繁多,图纹丰富。唐代扬州的脱胎干漆、金银平脱、螺钿镶嵌等工艺技法已相当成熟,漆器被列为 24 种贡品之一。明清时期,扬州漆艺臻于鼎盛,出现剔红雕漆、平磨螺钿镶嵌、软螺钿镶嵌、百宝镶嵌等著名品种,形成特有的地方风格。乾隆年间,扬州出现多条以生产漆器命名的街巷,漆器产量和品种均达到历史最高峰。

扬州漆器髹饰技艺于 2006 年入选第一批国家级非物质文化遗产名录(如图 3.20)。

图 3.20　扬州漆器髹饰技艺　明代云纹雕漆高足杯

**18. 扬州清曲**

扬州清曲是在明清时期流行于扬州一带的俗曲和小调基础上发展形成的曲艺唱曲形式,又名“广陵清曲”“维扬清曲”,俗称“小唱”或“唱小曲”,主要流行于江苏的扬州、镇江和上海等地,用扬州方音表演。扬州清曲起源于元代的小唱,在元代散曲的基础上,吸收了江淮一带风行的各种俗曲民歌,加以改选和利用,在明代中叶形成了一种富于地方气息的曲种。清代的康乾年间,是它的鼎盛时期。当时的扬州,尽管地域上不属江南,却是水陆要冲,是文化江南的中心,各行各业之间互相促进、互相交流,就是在这样一个百业兴旺的大环境下,扬州清曲迎来了它的高峰。乾隆就是冲着扬州的繁华歌吹之地的文化和音乐而来。当然这其中扬州画派、扬州学派与清曲之间的影响,也是不能忽略的。

文人雅士们常常乘着画舫，听着清曲，做着文章游历于瘦西湖上，清曲引领他们神游在现实与理想之间。这些因素都是扬州清曲在清代得以繁荣和发展的土壤和根基。晚清到民国期间，由于战争频仍、经济萧条，扬州清曲已渐趋冷淡，但知名的编曲、演唱家仍有不少人，演唱的曲目也是数以百计。20 世纪 30 年代初，黎子云、王万青、葛锦华、陆长山、尹老巴子等人的代表唱段，如《风儿呀》《秦雪梅吊孝》《小尼姑下山》《活捉张三郎》《武松杀嫂》《宝玉哭灵》等，曾由上海百代、大中华、蓓开等唱片公司灌制唱片发行。1940 年，扬州一批小曲名家，首次在扬州教场南首老龙泉茶社对外公演。为区别以往的小曲小调，正式挂牌扬州清曲。



扬州清曲于 2006 年入选第一批国家级非物质文化遗产名录（如图 3.21）。

图 3.21　扬州清曲表演

**19. 扬州玉雕**

扬州玉雕历史悠久，最早可追溯到四千多年前的夏代。汉代扬州的玉雕工艺，有了更进一步的发展。从扬州出土的汉代文物来看，由小件到中件，从一般的装饰品玉镯、玉环等发展至观赏品的玉蝶、玉璧。到了隋唐，由于大运河的开凿和通航，扬州成为国内南北交通的咽喉要道，是当时国际商船北上赴京必经之路。随着交通的发达，商业、手工业的发展，工艺玉雕更加繁盛。发展至宋代，玉雕在工艺上，又不同于隋唐，讲究造型精美，雕工纤细。明清时期，扬州玉雕从中小件发展到大件，从一些个体家庭生产发展到大小不等的手工业作坊。

到了清代中期，扬州玉雕发展到既能做到精致的中小件，又能制作壮观的大件。

扬州玉雕于2006年入选第一批国家级非物质文化遗产名录（如图3.22）。

图3.22 扬州玉雕 翡翠白菜

**20. 南京白局**

南京白局流布于江苏省南京市区及其周边的六合、江浦、江宁和皖东的来安、天长等地。它形成于清代中期，光绪年间已在南京及周边地区广泛流传。当地的织锦工人与市民在劳作之余常相聚自娱，演唱明清俗曲和江南小调。每逢盂兰会或婚嫁喜庆之事，市民常邀请工人中唱得较好的玩友摆局表演，演唱者“受请不受物”，白唱不卖钱，故称“白局”，后来出现的收受酬劳的商业性演出则称为“红局”。

南京白局于2008年入选第二批国家级非物质文化遗产名录（如图3.23）。

图3.23 南京白局表演

### 3.3.2 《何处忆江南——江苏非物质文化遗产》中非遗项目的传承现状



根据“江苏非物质文化遗产”网站上的数据，对《何处忆江南——江苏非物质文化遗产》中涉及的非遗项目的传承现状进行分析，以下列举了国家级传承人的详情以及《何处忆江南——江苏非物质文化遗产》片中采访到的省级、市级传承人。

**1. 高邮民歌**

王兰英，1937 年生，女，汉族，江苏省高邮市人，第三批国家级非物质文化遗产项目高邮民歌代表性传承人。王兰英幼年随祖母张王氏学唱高邮民歌，对民歌产生浓厚兴趣，掌握了演唱技巧。王兰英所传承的《数鸭蛋》《小小刘姐姐》《黄黄子》《做忙号子》等传统地方民歌，具有浓郁的苏北水乡特色。一直采用传统唱法，曲调优美淳朴，节奏婉转轻盈，歌声爽朗、俏皮、灵变、柔润甜美，保留了高邮民歌独特的民风韵律，反映了里下河地区“鱼米之乡”的美丽风光和淳朴乡情，表现了讴歌生活的乡土感情（如图 3.24）。

图 3.24　高邮民歌　国家级传承人　王兰英

曹德怀，1947 年生，女，汉族，高邮里下河地区人。第四批市级非物质文化遗产项目高邮民歌代表性传承人，跟随王兰英老师学习高邮民歌，为高邮民歌的第三代传人（如图 3.25）。

图 3.25　高邮民歌　市级传承人

**2. 惠山泥人**

喻湘涟，女，1940 年生，汉族，江苏无锡人，第一批国家级非物质文化遗产项目惠山泥人代表性传承人，中国工艺美术大师、亚太地区手工艺大师。喻湘涟出生于泥人世家，1964 年调入无锡市泥人研究所，从事手捏戏文研究工作，1971 年被下放调入响水县工艺制品厂，1979 年返回无锡泥人研究所，继续从事手捏戏文研究工作直到退休。喻湘涟土生土长，熟悉无锡的民间习俗，举手投足都渗透了浓郁的乡土气息，作品的思想感情刻画入微，生动传神，原汁原味地保留了无锡惠山手捏戏文的技能，尤其是具有现场表演的绝技，被誉为“国宝”。她修复历史作品也达到了“整旧如旧”“以假乱真”的程度。喻湘涟对惠山泥人的传承和发展做出了积极贡献。

王南仙，女，1941 年生，汉族，江苏无锡人，第一批国家级非物质文化遗产惠山泥人项目代表性传承人，中国工艺美术大师、亚太地区手工艺大师。出身于泥人世家，第六代传承人。1959 年毕业于江苏泥塑彩绘训练班，随老艺人陈毓秀学习传统手捏戏文彩绘，后一直在泥人研究所创作设计室工作。艺术作品被海内外媒体多次介绍并多次获奖。作品《十二丑角》《和合二仙》于 2005 年在北京专题拍卖会上成功拍出，开创了惠山泥人在全国高级艺术拍卖活动成交的纪录。2005 年被特聘为中国艺术研究院民间艺术创作研究员。2007 年入选“中国民间文化杰出传承人”名录。2009 年荣获文化部授予的“全国非物质文化遗产保护先进工作者”称号。

柳成荫，男，1942 年生于浙江嵊州市，现居江苏省无锡市，中国工艺美术大师第二批省级非物质文化遗产项目惠山泥人代表性传承人。自幼在叔父惠山泥塑名家柳家奎（中国工艺美术大师）指导下学习绘画、泥塑。1958 年进入无锡市惠山泥人厂创作组，拜师著名艺人周作瑞学习彩塑，1964 年调入无锡市泥人研究所工作，随中国工艺美术大师王木东系统地学习彩塑技艺。他继承传统惠山泥人手法，擅长手捏戏文人物，同时对现代人物的刻画也进行了深入研究。他的作品活泼灵巧、线条优美、神情细腻，意味深刻。他创作作品千余件，其中多件作品被海内外博物馆珍藏，著有《工艺人物变形》等著作。代表作品有《李逵》《关公》《天问》等（如图 3.26）。

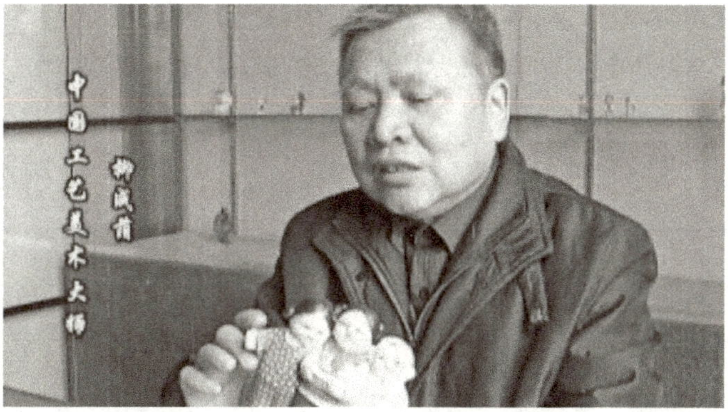


图 3.26　惠山泥人　省级传承人　柳成荫

王木东，男，1922 年生，美术教育家，中国工艺美术大师，第二批省级非物质文化遗产项目惠山泥人代表性传承人。1988 年轻工业部授予“中国工艺美术大师”称号；1992 年，他被国务院授予“对文化事业有突出贡献政府特殊津贴”；2005 年，他又被中国工艺美术学会授予“中国工艺美术终身成就奖”；2008 年，王木东还被世界手工艺理事会亚太地区分会评为“首届亚太地区手工艺大师（泥塑）”，中国仅有 17 位。建立江苏省惠山泥塑彩绘训练班，用老艺人教技术、新美术工作者教理论的方法培养了接班人，组织专人记录、学习老艺人的手捏和彩绘方法，写成技艺资料，为抢救和发展惠山泥人做出了巨大的贡献

（如图 3.27）。

图 3.27　惠山泥人　省级传承人　王木东

**3. 江南丝竹**

江苏地区没有国家级传承人，因此列举省级和市级的 5 位传承人，如表 3.5 所示。

**表 3.5　江南丝竹　非遗传承人**

| 序号 | 姓名 | 性别 | 级别 | 批次 |
| --- | --- | --- | --- | --- |
| 1 | 江祥生 | 男 | 省级 | 第四批 |
| 2 | 黄均超 | 男 | 市级 | 第四批 |
| 3 | 张佳林 | 男 | 市级 | 第二批 |
| 4 | 高音佳 | 男 | 市级 | 第二批 |
| 5 | 范绍芳 | 女 | 市级 | 第二批 |

**4. 昆曲**

张继青，1939 年生，女，汉族，江苏南京人。第二批国家级非物质文化遗产项目昆曲代表性传承人，享受国务院政府特殊津贴专家，首届“梅花奖”榜首，联合国教科文组织和文化部“长期潜心昆曲艺术成绩卓著的艺术家”称号获得者。工旦行，新中国成立后培养的第一代昆剧演员，师承尤彩云、小长生、沈传芷、姚传芗、俞锡侯等，昆曲艺术标志性名家，代表性名家。艺术格调清丽柔婉，细腻抒情，吐字归音圆润可赏，唱腔风格极具个人特色，表演程式严谨，收放自如。

代表剧目有《牡丹亭》《朱买臣休妻》《长生殿》等，折子戏中尤以《痴梦》《惊梦》《寻梦》著称，被誉为“张三梦”。2004年被台北国际昆剧研讨会授予“昆曲祭酒”金杯，2006年获美国林肯艺术中心等联合颁发的华人艺术家终身成就奖。

王芳，1963年生，女，汉族，江苏苏州人，第十、十一、十二届全国人大代表，享受国务院政府特殊津贴专家，中国戏剧“梅花奖”二度梅得主，“文华表演奖”获得者，国家一级演员，第二批国家级非物质文化遗产项目昆曲代表性传承人。师承昆曲“传”字辈名家沈传芷、姚传芗、张传芳，“继”字辈名家张继青，以及苏剧名家庄再春、蒋玉芳等。工五旦、正旦、刀马旦，兼演苏剧。擅演传统女性形象。唱腔委婉悦耳，表演细腻清丽，气质纯净高雅，为江苏苏州昆剧院领衔主演。代表作有昆剧《牡丹亭》《长生殿》《西施》《满床笏》，苏剧《醉归》《五姑娘》等。



张寄蝶，1945年生，男，汉族，江苏南京人。第三批国家级非物质文化遗产项目昆曲代表性传承人，首位荣获“梅花奖”的戏曲丑行演员。生于江苏苏州，工丑行，师承王传淞、周传沧、沈传芷、刘传衡及汉剧名丑李罗克、京剧武丑名家张春华。他功底扎实，长于技巧，表演质朴，以扮演善良的小人物见长。在继承传统的基础上，对矮子功等技巧进行了突破和提高，被誉为“活武大郎”。代表剧目有《打虎游街》《戏叙别兄》《显魂杀嫂》《扈家庄》《小放牛》《双下山》《柜中缘》《卖兴》和《拔眉探监》等。

黄小午，1948年生，男，汉族，江苏南京人。第三批国家级非物质文化遗产项目昆曲代表性传承人，享受国务院政府特殊津贴专家，获文化部与联合国教科文组织共同颁发的“长期潜心昆曲艺术成绩显著的艺术家”荣誉称号，梅花奖得主。师承包传铎、郑传鉴、倪传钺等名家，并得周传瑛的传授，戏路宽广，生、末、外均能。艺术功底扎实，文武兼备，演唱苍劲酣畅，吐字清晰，表演真切自然，善于将传统技艺与刻画人物相结合。尊重传统，崇尚朴素、内敛、细腻、深刻的艺术风格。代表剧目有《酒楼》《草诏》《议剑》《扫松》《望乡》等。

石小梅，1949年生，女，汉族，江苏南京人。第三批国家级非物质文化遗产项目昆曲代表性传承人，享受国务院政府特殊津贴专家，“梅花奖”“文华表演奖”及联合国教科文组织和文化部“长期潜心昆曲艺术成绩卓著的艺术家”称号获得者。生于江苏苏州，拜沈传芷、周传瑛、俞振飞为师，工小生。南昆风格代表性人物，擅演巾生及小官生戏，嗓音润、透、清、亮，吐字归韵考究，台风洒脱，表演风格冷峻含蓄，做表细腻，具有极强的舞台掌控力。独门剧目有《桃花扇》《白罗衫》，代表作有大戏《牡丹亭》《玉簪记》《宫祭》等，以及折子戏《寄子》《游殿》《望乡》《拾画叫画》和《题画》等。

胡锦芳，1949年生，女，汉族，江苏南京人。国家第三批非物质文化遗产项目昆曲代表性传承人，享受国务院政府特殊津贴专家，“梅花奖”“文华表演奖”及联合国教科文组织和文化部“长期潜心昆曲艺术成绩卓著的艺术家”称号获得者。生于江苏苏州，师从宋衡之、姚传芗、沈传芷、张娴、刘传衡。南昆风格代表性人物，工旦行，主工闺门旦，兼擅正旦、刺杀旦、贴旦、六旦等。嗓音宽高华丽，音色甜美，演唱声情并茂，表演细致严谨，注重刻画人物，戏路极宽，被誉为“昆旦多面手”。成功塑造了李慧娘、穆桂英、陈妙常、李香君、阎惜娇、窦娥等人物。代表折子戏有《题曲》《活捉》《刺虎》《卖子·投渊》等。

林继凡，1946年生，男，汉族，江苏苏州人。第三批国家级非物质文化遗产项目昆曲代表性传承人，享受国务院政府特殊津贴专家，梅花奖得主。联合国教科文组织和文化部“长期潜心昆曲艺术成绩卓著的艺术家”称号获得者。工丑行，师从徐凌云、华传浩、周传瑛、沈传芷、郑传鉴等，拜师王传淞。在继承乃师王传淞生动、活泼、刻画人物个性鲜明的基础上，形成了悠然、潇洒、富于文采、丑中见美的艺术特色。代表性剧目有《西厢记·游殿》《连环记·议剑》《燕子笺·狗洞》《红梨记·醉皂》《水浒记·活捉》《十五贯》《看钱奴》等。主创、主演的《看钱奴》获首届昆剧节优秀剧目和优秀表演奖。

柳继雁，1935年生，女，原名柳月珍，汉族，江苏苏州人，第三批国家级非物质文化遗产项目昆曲代表性传承人。1955年考入苏州市苏剧团，先后得到昆曲名家俞锡侯、吴秀松、宋选之、宋衡之、徐凌云、朱传茗、张传芳、沈传芷、姚传芗、倪传钺、俞振飞等悉心教授，应行五旦兼正旦，在唱念、咬字、吐音、收腔等诸方面受到严格的训练，保持了南昆的风格特色，扮相柔媚，嗓音清丽，表演细腻，善于塑造不同类型性格的女性形象。代表作有昆剧《断桥》《牡丹亭》《长生殿》《满床笏》，苏剧《花魁记》《狸猫换太子》《风筝树相思河》等。

**5. 南京白局**

徐春华，1942 年生，女，汉族，江苏南京人，第五批国家级非物质文化遗产项目南京白局代表性传承人。代表曲目有《莫愁四弄》《鸦片烟自叹》《古人名》等。她音色洪亮，行腔婉转，表演细腻，擅于塑造人物，完整继承了南京白局“唱白结合”和“垛词行腔”的传统演唱技巧，在传统唱法基础上创新了《改良剪剪花》《新川心调》《快板满江红》等曲牌（如图 3.28）。

图 3.28　南京白局　国家级传承人　徐春华

周慧琴，女，江苏南京人，第二批省级非物质文化遗产项目南京白局代表性传承人（如图 3.29）。

图 3.29　南京白局　省级传承人　周慧琴

马敬华，女，1939 年 10 月生，第四批省级非物质文化遗产项目南京白局代表性传承人（如图 3.30）。

图 3.30 南京白局 省级传承人 马敬华

**6. 苏绣**

李娥瑛（1926 年 10 月—2018 年 9 月），女，汉族，江苏省苏州市木渎镇人，中国工艺美术大师，享受国务院政府特殊津贴专家，第一批国家级非物质文化遗产项目苏绣代表性传承人。7 岁随母学艺，1954 年参加苏州市文联刺绣小组后，受教于刺绣大师金静芬。1955 年开始从事双面绣研究，技艺全面，熟练掌握各种传统针法，且富于开拓创新精神，是研究型技艺人才。1965 年打破了以往用丝绸作底料的惯例，首创用透明尼龙绡作底料绣制双面绣。首创用泥金底，绣《梅花幽禽》。主编了《苏绣技法》，指导了《苏绣针法汇编》等书。代表作品有双面绣《普贤菩萨》《和平鸽》《翠鸟》《松龄鹤寿》，双面三异绣《松鼠葡萄》等。

顾文霞，1931 年生，女，汉族，江苏省苏州市木渎镇人，第六、七、八届全国政协委员，中国工艺美术大师，享受国务院政府特殊津贴专家。第一批国家级非物质文化遗产项目苏绣代表性传承人，从小跟随母亲学习刺绣，20 世纪 50 年代，受教于刺绣大师金静芬。1955 年，写成《苏绣针法种类和绣制方法》。1986 年创建中国苏绣艺术博物馆。绣品具有“古、精、新”的艺术特色，对继承苏绣传统工艺和开发新品做出了卓越贡献。擅长绣小猫、金鱼和花鸟，代表作品有《大白猫》《小猫》和《白猫戏螳螂》等。双面绣《花猫戏蚱蜢》，现收藏于中国工艺美术珍宝馆。组织苏州刺绣研究所成功复制了《万历帝衮服》，并荣获全国工艺美术“百花奖”金杯奖。

姚建萍，1967 年生，女，汉族，江苏苏州人，中国工艺美术大师，研究员级高级工艺美术师，享受国务院政府特殊津贴专家。第三批国家级非物质文化遗产项目苏绣代表性传承人。1986 年，在苏州工艺美院校学习刺绣，1990 年师从刺绣艺术家徐志慧专攻人物肖像。在继承传统刺绣的基础上，研教结合，尤其在人物肖像绣上有所创新。代表作品有肖像绣《周总理》《邓小平》《蒙娜丽莎》《父亲》和精微绣《吹箫引凤》等。曾四度荣获中国民间文艺最高奖——山花奖·金奖。2003 年，创建苏州姚建萍刺绣艺术馆。1997 年被联合国教科文组织授予“民间工艺家”称号。

余福臻，1942 年生，女，汉族，江苏苏州人，中国工艺美术大师。第四批国家级非物质文化遗产项目苏绣代表性传承人。擅长运用细绣、双面绣、双面三异绣及细乱针绣等技法绣猫，作品既有肉实感，又有毛丝柔顺、丝光洁净之态。在细绣基础上，首创细乱针结合绣猫法，作品既保持了苏绣平光齐匀的特点，又揉入乱针绣线条活泼、色彩丰富的特点。代表作有双面绣《白猫戏螳螂》《沙发双猫》，单面虚实针绣《黑底黑猫》《白底白猫》等。

张玉英，1935 年生，女，汉族，江苏苏州人，中国工艺美术大师。第四批国家级非物质文化遗产项目苏绣代表性传承人。擅长“乱针绣”，坚持研究和运用不同乱针法，使乱针绣法在虚实中求立体，细乱与极乱中显主题，粗细线条相互衬。所绣人物肖像 20 多幅，运用不同的针法技艺，如从纯虚乱针法到纯实乱针法。代表作有单面肖像绣《邓小平　82 + 1》、人物肖像双面绣《池田夫妇》、双面异色肖像绣《查尔斯》和《黛安娜斯》等。

蒋雪英，1933 年生，女，汉族，江苏苏州人，中国工艺美术大师，研究员级高级工艺美术师，第四批国家级非物质文化遗产项目苏绣代表性传承人。作品层次分明，立体感强，色彩丰富，形象逼真。熟练掌握了苏绣各种针法技艺，并能恰当地运用于产品的制作中，特别是擅长对“和服腰带”的绣制。

姚惠芬，1967 年生，女，汉族，江苏苏州人，研究员级高级工艺美术师，享受国务院政府特殊津贴专家。第四批国家级非物质文化遗产项目苏绣代表性传承人。善于运用乱针绣和虚实乱针绣等针法对中国传统水墨画进行创作绣制，擅长绣制各种人物肖像。代表作品有《董建华肖像》《写意牡丹》《李白诗意人物》《荷之韵系列》等。作品《生态之殇》获中国民间文艺最高奖——山花奖金奖。注重研究当代苏绣的风格和创新，2017 年，所创作的《骷髅幻戏图系列》等 34 幅当代苏绣作品入选“第 57 届威尼斯双年展中国馆”展览。

张美芳，1946 年生，女，汉族，江苏苏州人，享受国务院政府特殊津贴专家，第四批国家级非物质文化遗产项目苏绣代表性传承人。重视传承与创新的辩证关系，能不断结合时代需求对作品题材的选择和刺绣新材料的研制运用进行创新，如“高经纬密度真丝绡”“稀土染色增加色线鲜艳度”以及特殊用材“异形丝”等。代表作品有《小孩抱黑猫》《新疆女孩》《矿工的儿子》《金丝猴与哈叭狗》等。

**7. 苏州甪直水乡妇女服饰**

江苏非遗网的非遗传承人记录中没有此条目。

**8. 苏州评弹**

王月香（1932 年 9 月—2011 年 12 月），女，汉族，第三批非物质文化遗产项目苏州评弹代表性传承人。出身于评弹世家，伯父王斌泉、父亲王如泉均为《双珠凤》弹词艺人。幼年从父学艺，8 岁开始随姐姐演唱《双珠凤》，18 岁放单档，后与徐碧英合说《梁祝》，吸收融汇了越剧、沪剧、锡剧和北方大鼓等唱腔元素，创造了高弹响唱、节奏明快、感情炽烈的“王月香调”（亦称“香香调”）。该调是苏州弹词流派唱腔中叠句运用最多最长、唱腔最快的曲调，具有节奏明快、感情饱满、艺术感染力强等特点，尤擅表达悲哀、凄切的情感。代表作长篇弹词《双珠凤》、自编自演长篇《梁祝》选曲《梁祝 · 英台哭灵》等，可塑造各种类型、层次的人物形象，尤以祝英台、霍定金等最为经典。

邢晏春，1944 年生，男，汉族，江苏苏州人，国家一级演员，中国曲艺“牡丹奖”得主，第三批非物质文化遗产项目苏州评弹代表性传承人。出身于苏州评弹世家，1962 年随父邢瑞庭学艺，并潜心研究苏州评弹唱本的写作。学成后，与胞妹邢晏芝合作演出，奔走于苏浙沪各地，不断求新，磨砺技艺，渐自成风格。表演以角色形象、语言精当、亦庄亦谐著称，尤精严调、薛调，是一位集演、教、编于一身的专家型演员，代表作《杨乃武》(如图 3.31)。

图 3.31　苏州评弹　国家级传承人　邢晏春

张国良(1929 年 3 月—2013 年 4 月)，男，汉族，江苏苏州人，第三批国家级非物质文化遗产项目苏州评弹代表性传承人。13 岁师承父亲张玉书、太先生黄兆麟。15 岁登台演出，专注讲演评话《三国》。他说表清、台风稳、中气足，语言生动，善于组织“关子”。起角色形神兼备，着重于角色内心刻画，而非仅偏重于角色嗓音的变化和外形动作的模仿，安排开打、评点与衬托等处理运用得当。塑造的诸葛亮、曹操、关羽、赵子龙、张飞、周瑜等形象，鲜明生动、呼之欲出，更有“活鲁肃”和“三国王”之称。创作和演出的评话数量众多，有《智取威虎山》《飞夺泸定桥》《吕梁英雄传》《将相和》《长江风云》《金石坡》等。

金声伯(1930 年 12 月—2017 年 6 月)，男，汉族，江苏苏州人。第三批国家级非物质文化遗产项目苏州评话代表性传承人，享受国务院政府特殊津贴专家，中国曲艺“牡丹奖”终身成就奖获得者。师从苏州评话泰斗杨莲青，后又从汪如云习《三国》，从徐剑衡习《七侠五义》。说表清晰，语言幽默生动，擅长放噱，尤以“小卖”见长，有书坛“巧嘴”之称。书路清、口角清、眼神清、手面清、台步清、形体清。面风手势和说表配合恰当，双目运用传神。书长而全，代表书目《包公》《七侠五义》等从头到尾可演三个月。出版有长篇评话《白玉堂》《开封府》，创作书目《褪色照片》《打虎》《夜奔伏虎涧》等。

杨乃珍，1937 年生，女，汉族，江苏南京人。第三批国家级非物质文化遗产项目苏州评弹代表性传承人，享受国务院政府特殊津贴专家，中国曲艺牡丹奖终身成就奖获得者。生于江苏苏州，师从俞筱云、俞筱霞，台风端庄、娴雅，说表清晰、甜润，擅唱“俞调”，运腔委婉、悠扬，韵味浓厚。在《白蛇传》和《玉蜻蜓》中成功地塑造了白素贞和金张氏的形象。

**9. 苏州玄妙观道教音乐**

薛桂元（1917 年 3 月—2011 年 8 月），男，汉族，江苏苏州人，第二批国家级非物质文化遗产项目苏州玄妙观道教音乐代表性传承人。1925 年起在水仙庙学道。1932 年至 1936 年在安齐王庙拜正一滴血派第 29 代高功法师吴子明为师，学习道教斋醮科仪，八年后授箓为 30 代传人，法名罗玲。1937 年回水仙庙担任高功法师，主持重大法事活动。1984 年后任玄妙观高功法师，致力于道教斋醮科仪的收集、整理及传承工作。

毛良善，1928 年生，男，汉族，江苏苏州人，第二批国家级非物质文化遗产项目苏州玄妙观道教音乐代表性传承人。1938 年至 1945 年跟随祖父赵子琴、父亲赵厚福学习道教斋醮科仪和飞钹技艺；1941 年师从沈宜生道长学习道教经典及斋醮音乐。1946 年在家从事道教斋醮。1984 年后进入苏州玄妙观直至退休。精通道教音乐多种乐器，擅长笛子、三弦、鼓等演奏，尤擅“飞钹”绝活（如图 3.32）。

图 3.32　苏州玄妙观道教音乐　国家级传承人　毛良善

**10. 桃花坞木版年画**

房志达（1935 年 10 月—2018 年 12 月），男，汉族，江苏苏州人，第三批国家级非物质文化遗产项目桃花坞木版年画代表性传承人。1948年，拜年画老字号“王荣兴”店主王善增为师，学习年画印刷。从事年画手工印刷60年，积累了丰富经验，总结形成了完整的全套工序，能妥善解决印刷中遇到的难题，并亲手制作所有印刷工具。从调制墨汁到使用套色颜料都有独特技巧，常多用重胶，印出的作品画面色彩鲜亮又协调匀称，水色掌控得宜，套色精准而匀，无论版面大小，总能做到五百张“一手料”，一气呵成。2005年，在除了传统方式的定位手工印刷外，开创出同幅扇形画面上不同图案、内容的三次定位印刷新品。代表作品有乾隆版《和合致祥·一团和气》《福字》《寿字》《神荼郁垒门画》《花开富贵》等。



王祖德，1941年生，男，汉族，浙江绍兴人，第五批国家级非物质文化遗产项目桃花坞木版年画代表性传承人。从小随父学艺，学习刻印和套版技艺。1958年考入苏州工艺美专工艺绘画专业，从师吴㔙木、许十明、费新我等学习工艺绘画。1962年毕业后，在工艺美术研究所桃花坞年画研究室工作，重点从事桃花坞年画的研究和创作工作。在50多年的年画研究和创作中，善于借鉴其他姐妹艺术特色融入传统年画创作，形成了既有桃花坞年画传统根基，又有鲜明时代气息的艺术风格，创作了一大批获奖作品。代表作品有“苏州十景”“哪吒闹海”等。

叶宝芬，1955年生，苏州市第一批市级非物质文化遗产项目桃花坞木版年画代表性传承人。传承其父刻版技艺，几十年如一日，默默无闻地耕耘着桃花坞木刻年画的刻版技艺。刻制的代表作品有：传统作品《一团和气》《三星图》《百子图》《如意麒麟送子》，现代作品《水乡四季图》《拗手劲》等。

**11. 锡剧**

倪同芳，1946年生，女，汉族，江苏南京人。第三批国家级非物质文化遗产项目锡剧代表性传承人，享受国务院政府特殊津贴专家，梅花奖得主。师从周菊英、邱培南、吴丹萍等名家，拜师著名锡剧表演艺术家王兰英。工旦行，嗓音清亮宽厚，共鸣丰满，发声咬字行腔风格独特，有强烈的艺术感染力，被誉为“倪派唱腔”。代表剧目有《双推磨》《海岛女民兵》《沙家浜》《红色的种子》《刘胡兰》《孟姜女》《绣荷包》《玉蜻蜓》《南归记》《珍珠塔》等(如图3.33)。

图 3.33　锡剧　国家级传承人　倪同芳

王兰英，1926 年生，女，汉族，江苏南京人。第三批国家级非物质文化遗产项目锡剧代表性传承人，国家一级演员。拜师汤国祯、缪秀锦。工花旦，锡剧旦行王派艺术创始人。唱腔优美、沙糯动听、花腔奇特，被专家、学者称为别有韵味的“云中月”；台风飘逸舒展、细腻动人，被誉为“苏南梅兰芳”。代表作有《双推磨》《玉蜻蜓》《嫦娥奔月》《孟丽君》《珍珠塔》《吹灯试笔》《显应桥》等（如图 3.34）。

图 3.34　锡剧　国家级传承人　王兰英

沈佩华，1924 年生，女，汉族，江苏南京人，第三批国家级非物质文化遗产项目锡剧代表性传承人，享受国务院政府特殊津贴专家，国家一级演员。拜师王玲娣、陈媛媛。工花旦，沈派唱腔创始人，台风淡雅细腻、含蓄隽永，以假声结合颤音形成特色唱腔，音质纤丽，音色甜美，刚柔相济，声情并茂。代表作有《三看御妹》《红楼梦》《救风尘》《庵堂相会》《红楼梦》《救风尘》《孟丽君》《孟姜女》《嫁媳》《玉蜻蜓》等(如图 3.35)。

图 3.35　锡剧　国家级传承人　沈佩华

姚澄，1926 年生，女，汉族，江苏南京人。第三批国家级非物质文化遗产项目锡剧代表性传承人，国家一级演员。拜师顾嘉生，工旦行，兼演小生。锡剧姚派艺术创始人，被誉为锡剧皇后。她吐字清晰准确，嗓音甜糯柔美，运腔华丽典雅，表演深切细腻。主要代表性剧目有《庵堂认母》《拔兰花》《红色的种子》《红楼梦》《双珠凤》等(如图 3.36)。

图 3.36　锡剧　国家级传承人　姚澄

吴雅童(1919—2016),男,汉族,江苏无锡人。第三批国家级非物质文化遗产锡剧项目代表性传承人。国家一级演员,常州市锡剧团主要创始人。15岁从师高和甫学演丑角,后随王嘉大改工小生。他戏路较宽,功底扎实,长于表演,素有"唱煞王彬彬,做煞吴雅童"之说。他饰演的梁山伯、文必正、方卿、许仙等角色,都演出同类不同形的人物特征;他所演不同反派角色,也都阴险有致,别具特色。特别在《红楼夜审》中塑造的江梦升,从唱腔到表演,都独辟蹊径。他创造了真假声并用、男女腔糅合、唱中有说、说唱相连的丑角声腔;在表演上借鉴提线木偶晃荡飘忽的形态,吸收昆曲五毒的"蛇"形,创造了一套托物寓形的身段,为锡剧填补了袍带丑的空缺,从而赢得"别具一格的锡丑"称誉。

王根兴,1940 年生,男,汉族,江苏南京人。第四批国家级非物质文化遗产项目锡剧代表性传承人,国家一级演员。师承著名锡剧表演艺术家王彬彬,工小生,唱腔高亢流畅、刚健挺拔、清澈豪放。主演《珍珠塔》《玉蜻蜓》《双珠凤》《孟姜女》《活捉王魁》等多部传统剧目及《沙家浜》《寒桥泪》《万世芳》《南归记》等新编剧目。出版《孟姜女》《庵堂认母》《拔兰花》《合珠记》《雪地产子》等盒带,其中《孟姜女》在全国"通美杯"盒带评选中获"金榜奖"。

周东亮,1969 年生,男,汉族,江苏南京人。第五批国家级非物质文化遗产项目锡剧代表性传承人,中国戏剧"梅花奖"、"文华表演奖"、上海白玉兰戏剧表演艺术奖"主角奖",中国曹禺戏剧节"优秀演员奖"获得者。出生于江苏江阴,师承周林华、王小坤,继承王(汉清)派与彬彬腔两大流派的唱腔特点与表演风格。他功底扎实、文武兼备、戏路宽广,音色甜美、行腔自如,高亢激越,形成唱念做打俱佳的周派艺术风格。能戏近百个,其中《珍珠塔》《玉蜻蜓》《状元打更》《草命天子》《双推磨》和《吃面条》等代表性剧目久演不衰。

王建伟(小王彬彬),男,1952 年生,汉族,江苏无锡人。第五批国家级非物质文化遗产锡剧项目代表性传承人,享受国务院政府特殊专家津贴专家,江苏省第八、九、十届政协委员。曾获中国戏剧梅花奖、上海戏剧白玉兰奖、江苏省文学艺术茉莉花特别荣誉,江苏省中青年德艺双馨文艺工作者荣誉。1976 年师从其父锡剧宗师王彬彬。嗓音天赋异禀,吐字清晰,行腔规整圆润、音域宽广、起腔高亢、落腔浑厚，善用小腔、落音。演释人物细腻入微，注重人物心理刻画，在锡剧界享有盛誉。领衔主演《珍珠塔》《玉蜻蜓》《状元之死》《泪美人》《双推磨》等剧目，尤以创作并主演《瞎子阿炳》备受瞩目（图 3.37）。

图 3.37　锡剧　国家级传承人　王建伟（小王彬彬）

**12. 扬剧**

李开敏，1939 年生，女，汉族，江苏扬州人。享受国务院政府特殊津贴，国家一级演员，全国第二届“金唱片”奖获得者，第二批国家级非物质文化遗产项目扬剧代表性传承人。工青衣行当，向清曲大师王万清学虚声唱法，向音乐家武俊达学乐理知识，后来又成为著名扬剧表演艺术家高秀英的嫡传弟子。在继承高派唱腔的基础上，结合自己的演唱特点，唱腔圆润甜美、清丽流畅、跌宕有致、刚柔相济，表演朴实细腻而大气。

汪琴，1940 年生，女，汉族，国家一级演员，江苏淮安人。第二批国家级非物质文化遗产项目扬剧代表性传承人。拜华素琴为师，为“华派”传人。功底深厚，戏路宽广。在继承“华派”表演艺术的基础上，吸收京剧、昆剧及话剧表演融为一体，所演人物，既不重复别人，也不重复自己，演谁像谁，艺术表演特征鲜明，形成了具有真实性、生活味、艺术化的表演艺术风格。擅长塑造各种不同类型的人物，从人物出发设计唱腔，唱腔中体现人物的特定情感，字字清楚，句句传情，奔放、深情与洒脱（图 3.38）。

图 3.38 扬剧 国家级传承人 汪琴

蒋剑锋(1928 年 6 月—2012 年 3 月),男,汉族,江苏南京人。第三批国家级非物质文化遗产项目扬剧代表性传承人。主工小生、小丑,师从陈立祥,扬剧蒋派唱腔创始人。代表剧目有《白蛇传》《百岁挂帅》《袁樵摆渡》《僧尼下山》《三女审子》《朱洪武与马娘娘》《包公告状》《青山红梅》等,参与《百岁挂帅》编剧。

吴蕙明,1946 年生,女,汉族,江苏南京人。第三批国家级非物质文化遗产项目扬剧代表性传承人,国家一级演员。工旦行,师从著名扬剧表演艺术家高秀英,研习高派唱腔,传承《鸿雁传书》《断太后》等高派经典剧目。在继承高派艺术的过程中,注重将传统唱法与现代发声科学相结合,形成自己的演唱风格。主演《枪》《山乡风云》《山花烂漫》《海港》《恩仇记》《三女审子》《罗帕记》等剧目。

筱荣贵(原名李荣贵)(1933 年 2 月—2018 年 10 月),女,汉族,祖籍江苏扬州。第三批国家级非物质文化遗产项目扬剧代表性传承人,国家一级演员。自幼随父学艺,1942 年登台演出,1950 年在镇江金星扬剧团主攻花旦。在金运贵大师所唱生调《梳妆台》的基础上大胆创新,创造出了“金调梳妆台”女腔,使“自由调”得以进一步发展。1959 年进京演出《挑女婿》受到周总理接见,1960 年参加中国文学艺术工作者第三次代表大会,受到毛主席接见。20 世纪 70 年代曾到江都进行扬剧教学,1982 年在镇江市扬剧团担任教师,

1992 年又在省戏校镇江扬剧班任教 3 年。江苏省劳动模范、省政协委员。已发行精选珍品绝版《红霞》《借子》《红色家谱》《僧尼下山》《重台别》《挑女婿》等。

**13. 扬州剪纸**

张秀芳，1943 年生，女，汉族，江苏扬州人，第一批国家级非物质文化遗产项目扬州剪纸代表性传承人。张秀芳生于剪纸世家，13 岁随其叔父张永寿学艺，是张氏剪纸的第六代传人。曾参与张永寿《新百花齐放》《百菊图》《百蝶恋花图》等代表作品的剪制。她刻苦钻研，既继承了剪纸的传统特色，又在技艺上拓展新境。她剪的花鸟鱼虫，线条婉转流畅，风格清新秀丽，构图新颖别致，做到繁中有简、虚中有实、静中有动，一剪之功别具栩栩如生之妙趣，体现了精湛的技艺。她创作的代表性作品有《鹤舞云霄》《繁华似锦》《馨香满园》《烟花三月》等，并出版了专著《张秀芳剪纸艺术》（图 3.39）。

图 3.39　扬州剪纸　国家级传承人　张秀芳

张慕莉，女，1960 年生，汉族，江苏扬州人，江苏省工艺美术大师，第二批省级非物质文化遗产项目扬州剪纸代表性传承人。1979 年随父张永寿进入工艺厂，从事剪纸制作和创作已有 24 年，主要作品以花鸟鱼虫为主，兼及动物。在创作过程中既要继承扬州剪纸清新秀丽、典雅大方的特色，又要借鉴其他工艺的精华，使扬州剪纸有着独特的魅力（图 3.40）。

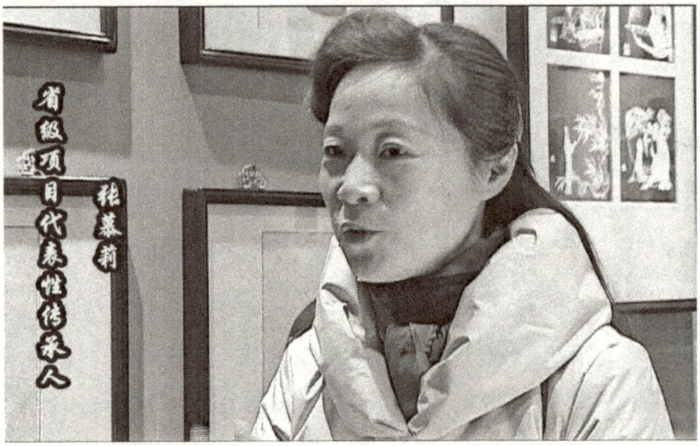


图 3.40　扬州剪纸　省级传承人　张慕莉

**14. 扬州漆器髹饰技艺**

张宇，1944 年生，男，汉族，江苏扬州人。中国工艺美术大师，国家级有突出贡献专家，享受国务院政府特殊津贴，第一批国家级非物质文化遗产项目扬州漆器髹饰技艺代表性传承人。师从丁永仁学玉雕，随梁国海等学习雕漆工艺生产知识，拜姜壁为师学习绘画。将传统国画的构图布局和以白描为主的绘画技法，运用于漆器髹饰工艺品的画稿设计，结构严谨、造型简洁。作品富有深厚的文化内涵，富有创新装饰效果。其设计漆器工艺以少胜多、精简适当、均衡构图、严谨结构、知己知彼、因材施艺（图 3.41）。

图 3.41　扬州漆器髹饰技艺　国家级传承人　张宇

赵如柏，1939 年生，男，汉族，江苏扬州人。中国工艺美术大师，享受国务院政府特殊津贴，第一批国家级非物质文化遗产项目扬州漆器髹饰技艺代表性传承人。师从梁国海，运用浮雕、圆雕、透雕等手法制作了很多雕漆精品。1980 年后，开始古楠木雕研究，将雕漆技艺手法应用于楠木雕制作工艺，作品玲珑剔透、妙趣横生。擅长红雕漆和楠木雕，尤其擅长制作古楠木雕、漆砂砚的髹饰。雕漆技艺娴熟，刀法圆润，藏峰不露，线条流畅，作品结构运用了抑扬顿挫的手法，更加精致、细腻。在木雕技艺传承实践中，他将浅雕、浮雕、透雕、镂空雕等多种工艺雕刻手法紧密结合，分别体现出作品近、中、远景的画面，具有较强的立体感和透视感(图 3.42)。

图 3.42　扬州漆器髹饰技艺　国家级传承人　赵如柏

池家俊，男，1945 年生，汉族，扬州市人，高级工艺美术师，第二批省级非物质文化遗产项目扬州漆器髹饰技艺代表性传承人。精通花鸟稿件设计的同时对人物、山水、房廊亦能兼擅，还擅长书法、印章，为扬州漆器事业做出了较大贡献(图 3.43)。

**15. 扬州清曲**

聂峰，男，第二批省级非物质文化遗产项目扬州清曲代表性传承人。师从表演大师王万青，是扬州鲜有能掌握牙筷敲瓦碟技巧的扬州清曲传人，1986 年成立了广陵清曲社，也就是后来的广陵清曲研究所，力图恢复和传承扬州清曲(图 3.44)。

图 3.43　扬州漆器髹饰技艺　省级传承人　池家俊

图 3.44　扬州清曲　省级传承人　聂峰

**16. 扬州玉雕**

江春源，1947 年生，男，汉族，江苏扬州人。中国工艺美术大师，享受国务院政府特殊津贴，第一批国家级非物质文化遗产项目扬州玉雕代表性传承人。江春源长期坚持深入生活，广集素材，量料取材，因材施艺，特别在花卉、炉瓶、雀鸟、动物、山水等品种上有着自己的独到见解和创作理念。如：花卉方面中加入国画构图和玉雕处理方法，作品美观大方、玲珑剔透；雀鸟、动物方面，生动活泼；炉瓶方面，造型庄重，端庄典雅，大小匀称；山水方面，反映中国山水画的表现方法和艺境。他创作的十几棵玉雕大白菜采用不同的处理手法，使每棵白菜都各有情趣，有“白菜王”雅号。所设计老百姓喜爱的题材，既符合传统理念，又有新意（如图 3.45）。

图 3.45　扬州玉雕　国家级传承人　江春源



顾永骏，1942 年生，男，汉族，江苏扬州人。中国工艺美术大师，享受国务院政府特殊津贴，第一批国家级非物质文化遗产项目扬州玉雕代表性传承人。1978 年开始研究“山籽雕”，恢复中断 200 年的山籽雕技艺。精心设计，以文人雅士和诗词典故及宗教为主要内容，施以山水花草树木、鸟禽走兽，用圆雕、浮雕、镂空雕的方式雕刻。他的山籽雕作品造型圆浑典雅，赏心悦目，为山籽雕的创作和发展做出了突出贡献。创作了大量山籽雕优秀作品。白玉子雕《对弈图》获中国工艺美术百花奖优秀创作一等奖；碧玉山籽雕《聚珍图》获中国工艺美术百花奖珍品金杯奖，现被国家收藏在中国工艺美术馆。多件作品获中国玉石雕金奖（如图 3.46）。

图 3.46　扬州玉雕　国家级传承人　顾永骏

薛春梅，1965年生，女，汉族，江苏扬州人，中国工艺美术大师，扬州市有突出贡献的中青年专家。第四批国家级非物质文化遗产项目扬州玉雕代表性传承人。师从顾永骏，潜心钻研玉器人物，山籽雕的雕刻技艺、设计表现手法及内容。对玉石原料、构思题材、构图章法、造型意境、表现手法等有深入研究。吸取明清玉雕精华，借鉴木雕、牙雕、石雕及泥塑等艺术手法，继承传统，塑造了一系列生气勃勃、稚气可爱、百态逼真的群童形象。在玉雕的表现手法上，通过拟人化手法，借景状物，创作了《榴开百子》等作品。风格清新婉约、细腻隽秀。创作了数百件优秀玉器人物、山籽雕作品。

高毅进，1964年生，男，汉族，江苏扬州人。中国工艺美术大师，扬州市玉器厂总工艺师，第四批国家级非物质文化遗产项目扬州玉雕代表性传承人。高毅进师从工艺美术大师刘筱华，主要从事制作炉、塔、瓶、薰、壶等。擅长玉器器皿、走兽的设计制作。善于选择适宜整体造型的表现形式。在继承青铜器、古代器皿造型的基础上研究、探索，推陈出新。技艺特征为：比例、结构追求准确、合理、大气，能凸显作品的浑厚、凝重、典雅。器皿造型对称，腰身部位厚实，上口下底呼应；工艺朴实、简练明快，线条纹饰流畅自然，地子平整，干净利落。注重吸收新鲜的艺术形式，把传统题材的构思、表现手法处理得出神入化。

**17. 秦淮灯彩**

陈柏华，1957年生，男，汉族，江苏句容人。第三批国家级非物质文化遗产项目秦淮灯彩代表性传承人。江苏省工艺美术大师。陈柏华出生在农民家庭，自幼喜欢剪剪画画。1978年开始从事秦淮花灯的制作和研究，虽不是父辈相传、师徒所授，但在40年的花灯扎制中，潜心钻研工艺，长年与花灯艺人们切磋交流，取人所长，补己之短。其花灯风格典雅，造型大气，色彩明洁，形成了独特的陈氏灯彩风格，表现了传统艺术与现代审美的融合统一。多次获国家和省级奖项；多次参加国内与海外花灯文化交流活动。2005年，获中国文联、中国民协授予的第七届中国民间文艺山花金奖；2007年，获中国文联、中国民协授予的“中国百名民间文化杰出传承人”称号（如图3.47）。

陆有文，1942年生，男，汉族，江苏南京人，南京工艺美术大师，第二批省级非物质文化遗产项目秦淮灯彩代表性传承人。陆家花灯第三代传人（如图3.48）。

图 3.47　秦淮灯彩　国家级传承人　陈柏华

图 3.48　秦淮灯彩　国家级传承人　陆有文

### 18. 秦淮灯会

陆有昌，1944 年生，男，汉族，江苏南京人，陆有文之弟，第三批国家级非物质文化遗产项目秦淮灯彩代表性传承人。1954 年开始学习扎灯至今，陆氏灯彩形成了三大技艺特点：一是“形”，即造型独具风格，外观的造型设计既神似，又形似；二是“色”，即色彩美观大方，大胆地运用各种对比色，雅俗兼具；三是“普”，即易普及易接受，使大众熟知并得到认可。陆有昌作为陆氏灯彩第三代传人，曾获“江苏省工艺美术名人”“南京市优秀民间艺术家”等荣誉称号(如图 3.49)。

顾业亮，1962 年生，男，汉族，江苏南京人，第三批国家级非物质文化遗产项目秦淮灯会代表性传承人。顾业亮 8 岁跟随父亲学习扎灯，后又拜灯彩老艺人李桂生为师。

图 3.49　秦淮灯彩　国家级传承人　陆有昌

## 19. 扬派盆景技艺

赵庆泉，1949 年生，男，汉族，江苏扬州人。扬州市扬派盆景博物馆总工程师，中国盆景艺术大师，第三批国家级非物质文化遗产项目扬派盆景技艺代表性传承人，拜徐晓白教授为师。学习与盆景有关的美学、文学、园艺等方面的知识。游历名山大川，拜访各地盆景老艺人。其盆景作品融“诗、书、画、技”于一体，清新自然，具有鲜明的抒情性。擅长自然式盆景造型。创作出不同风格的盆景，师法自然，博采众长，不拘陈式，因材而作。其作品树种选材广泛，技法细腻，构图生动（如图 3.50）。

图 3.50　扬派盆景　国家级传承人　赵庆泉

曹季德，1958 年生，男，汉族，江苏泰州人，高级技师，工艺美术大师，第五批国家级非物质文化遗产项目泰州（扬派）盆景技艺代表性传承人。1979 年开始跟随扬派盆景艺术大师王寿山学习盆景剪扎技艺，泰州（扬派）盆景技艺第六代传承人。他学习刻苦，基本功扎实，熟练掌握“扬派”盆景剪扎的 9 种棕法，并运用得当、自如，秉承传统风格。

**20. 南京云锦木机妆花手工织造技艺**

朱枫（1915 年 3 月—2009 年 6 月），男，汉族，浙江湖州人，中国工艺美术大师，获中国工艺美术终身成就奖。第一批国家级非物质文化遗产南京云锦木机妆花手工织造技艺代表性传承人。朱枫出生于书香门第，毕业于上海美专，早年师从刘海粟学习中国画。1954 年 6 月调入南京云锦研究组，和陈之佛、张福永等人参与南京云锦抢救与保护工作。朱枫是新中国成立后第一批云锦织造技艺研究者，在从业 50 年间，归纳、整理出了南京云锦图案的设计方法，总结了云锦配色艺术的特点，出版了关于云锦配色艺术的专著，奠定了云锦配色浓而不重、艳而不俗、繁而不乱的风格基础。其设计的云锦图案具有富丽明快、和谐统一的审美效果，是南京云锦研究所成立以来云锦设计和配色领域的一代宗师。朱枫作品中最具特色、最富神韵的当属牡丹，尤以“万紫千红金宝地”最为著名，堪称云锦牡丹王。其他还有牡丹凹凸锦、牡丹雕花天鹅绒、妆夹暗叠花锦等经典传世之作。

周双喜，1955 年生，男，汉族，江苏南京人，高级工艺美术师，中国织锦工艺大师，第三批国家级非物质文化遗产南京云锦木机妆花手工织造技艺代表性传承人。周双喜出生于工人家庭，1973 年入厂学徒，师从顾惠源。从艺 40 年间，他对不同的云锦妆花品种有独特研究，精通云锦织造的所有工序及工艺。1983 年起负责古代丝绸文物的研究与复制工作，参与技艺失传 300 多年堪称国宝的“织金孔雀羽妆花纱龙袍料”复制、“黄地织金妆花缎过肩通袖直身龙栏袍料”复制等重大科研项目。还参与了“二经绞纱”和“四经绞罗”等失传织锦工艺的研制工作，其研究成果填补了业内空白，为云锦传统技艺的保护、传承做出了贡献。其代表作有《万寿中华》《丹顶合鸣》等（如图 3.51）。

图 3.51　南京云锦木机妆花手工织造技艺　国家级传承人　周双喜

金文，1954 年生，男，回族，江苏南京人，中国工艺美术大师，研究员级高级工艺美术师，第三批国家级非物质文化遗产项目南京云锦木机妆花手工织造技艺代表性传承人。1973 年 11 月进入工艺美术行业，有幸拜仅存的 10 余位云锦老艺人为师，全面掌握云锦织造的全套工艺。从事云锦创作及古代丝织工艺研究 40 余年。同时还任 8 所大学兼职教授。他研究复制了大量古代织锦，系 20 世纪龙袍织造第一人。

郭俊，1948 年生，男，满族，内蒙古呼和浩特市人，第五批国家级非物质文化遗产南京云锦木机妆花手工织造技艺代表性传承人。郭俊自幼苦练绘画，1973 年被选入原南京云锦研究所，得到朱枫、徐仲杰、汪印然等大师的言传身教，历时 45 载，逐步掌握了云锦手工妆花织造技艺的花本技艺。1984 年被选派赴中央工艺美术学院深造，学习装饰绘画和壁画艺术，系统学习了东西方艺术理论。郭俊经数十年创作实践形成其独特的风格和认知。2005 年以来他的作品《万寿中华》被人民大会堂收藏，《丹顶和鸣》被外交部选为国礼，《九龙图》等作品被各大博物馆收藏。

# 第4章

# 非遗数字资源采集及设备支持

以文化共享工程项目为例，文化部每年会公布当年的项目申报主题，各省分中心再根据当地文化实际情况进行选题和申报。非物质文化遗产、传统手工艺、特色人文、传统文化表演、特色博物馆等一系列高度具有地方特色的文化项目都适用于项目申报。南京图书馆作为江苏省级公共图书馆，视野须覆盖全省，虽然经费紧张导致一些偏远地区的项目点存在采集困难的因素，但是南京图书馆影像资源中心始终站在均衡全省文化发展的角度考虑，坚持“越是困难的地区，越是需要我们去发掘、宣传、保留”的精神，以组员自身克服困难的形式，对全省各个市县的文化资源全面考察、采访、采集和留存。经过十余年的艰苦努力，北至徐州、连云港；东至南通、盐城；从沪宁高速沿线各大主要城市到太仓、句容、宿迁、仪征、如皋、泰兴、洪泽、金坛等各地市县，都留下了南京图书馆影像资源小组的足迹。而正是这样不遗余力的文化探索，使得南京图书馆对全省文化发展的实际情况有了第一手资源的最直观的了解，在项目申报时亦更加如数家珍。

项目审批过后，需要对项目的整体主题、分集选定和参与人员的分配进行详细讨论，每年的一个系列专题片会有一个整体的思路和主题，但是每个分集根据其主体不同，在实际制作过程中可进行自身格调的微调。另外在时间点上也需要提前进行规划，如南京图书馆影像资源中心将资源采集人员分为两组，分批进行外出采集和后期加工编辑，在时间安排上更加机动化、高效化。

## 4.1 前期准备

在进行项目的具体采集制作工作实施之前，需要对项目整体进行完整的规划，这其中涉及项目的申报、规划、踩点、脚本及外联等。每一分集在进行人员和项目分配后，首先要做的就是资源收集。这就类似在做菜前需要进行食材的挑选、采购、整理和分拣，资源素材同样需要进行严格的预处理流程。

### 4.1.1 踩点

每一个资源点所能采集到的资源数量和质量，需要在拍摄前对拍摄对象所在地区进行实地踩点，切实了解当地情况，针对实际情况制定相关规划，包括拍摄地点的选定、采访任务的预约以及现场活动的采集安排等。

### 4.1.2 脚本写作及分镜头设计

脚本是我们创作各类视频作品必不可少的前期准备。脚本的作用，就好比建筑大厦的蓝图，是摄影师进行拍摄、剪辑师进行后期制作的基础，也是演员和所有创作人员领会导演意图、理解脚本内容、进行再创作的依据。脚本可以说是故事的发展大纲，用以确定故事的发展方向，确定故事到底是在什么地点，什么时间，有哪些角色，角色的对白、动作、情绪的变化，等等，这些细化的工作都是脚本上所要清楚确定下来的。

踩点工作完成并制订好相关拍摄计划后，即可对本次拍摄对象进行脚本的预编，这一点在整个影像资源采集工作过程中起到非常重要的作用。脚本的完整性、合理性直接影响到资源采集过程中素材收集是否符合要求。

脚本是摄制工作的灵魂，是贯穿始终的一根主线，是撑起整体的一副骨架，决定了专题片摄制的顺利与否和质量好坏。没有调查就没有发言权。在写脚本之前，要唱好“三步曲”：第一步要先查阅相关馆藏资料，大概了解相关知识；第二步与拍摄场馆取得联系，了解实际情况；第三步到现场调研踩点，听取场馆负责人、专家学者的意见，确定拍摄计划和重点。最后，在充分调研的基础上确立写作思路，撰写脚本、分镜头和解说词。

撰写脚本时，要做到“四个有”：一是有镜头意识，应考虑每一段文字，能配上确实可得的画面，尽可能多地拍摄“实镜头”，尽可能少地拍摄“空镜头”，避免脚本内容与实际拍摄两张皮，难于拍摄；二是要有文学细胞，优秀的电视专题片解说词应当文笔流畅、略有文采、叙事灵活、错落有致，读起来朗朗上口，品起来回味无穷，给人以启发，集语言的新鲜性、评说的深刻性和文字的可读性于一体；三是要对行程和经费进行合理规划。南京图书馆影像资源建设中心在专题片制作经费方面以严谨著称，将项目制作定位于“小成本制作”，本着省时省力省资金、易摄易编易成片的原则，适当考虑使用采访等方式，使资料、视频、照片、采访等交替出现，虚实相生，而不枯燥呆板；四是有故事性，脚本要规范严谨，详略得当，真切生动，高潮迭起，注重文化内涵和感染力，忌平铺直叙地介绍[1]。



《何处忆江南——江苏非物质文化遗产》是南京图书馆影像资源建设的第一部自建专题片项目，脚本制作的经验几乎为零，因此采用文稿征集的形式，对分集的脚本进行广泛收集，精选优秀文稿。从江苏名人、江苏名人故居开始，脚本由影像资源建设中心的组员自行撰写，组员参考《何处忆江南——江苏非物质文化遗产》脚本的写作模式，自行收集素材，校对资源的准确性，并对相关人物进行研究和联络。这种模式一直沿用至今，不仅对资源建设团队的人才培养是一个最好的锻炼，同时在拍摄过程中，采用脚本主创人员为团队核心的模式，使拍摄工作的准确性和效率都得到极大的提升。

### 4.1.3 外联及行程规划

外联工作在整个影像数字资源建设过程中始终是重要的一环，从申报成功后上级管理部门发文，到与资源采集当地的管理部门以及拍摄主题单位的联系，再到拍摄相关资源（如被采访个人、某一具体素材采集个体等）的联络等，环环相扣、缺一不可，这就考验着整个团队的合作精神和细心、耐心及恒心。

---

[1] 李浩.公共图书馆摄制视频专题片资源的实践——以南京图书馆为例[J].农业图书情报学刊，2015，27(7)：32-35.

所谓不打无准备之仗，主体资料的收集、采访人物的研究、周边环境的了解以及历史资料的搜集可以让整个拍摄工作事半功倍，不仅不会出现少拍、漏拍的情况，同时在对后期加工的工作也起着方向指导的作用。之后，通常会根据计划和实际情况（人员、场地、天气等）现场制订一个拍摄规划，包括拍摄时间、拍摄地点及人员分配等。

首先是时间上的规划。

在项目经费紧张的情况下，拍摄小组通常会将同一拍摄地的多个分集安排在同一次行程中，在一个工作周内完成两部分集的资源采集工作。这不仅可以保证资源采集的相对完整性，亦可在有限的经费内完成尽可能多的项目进程。但是随着项目要求的不断提升，素材的质量和价值问题亦不断显现出来。尤其是多部分集共用相同的环境素材和空镜头，在整个项目画面中重复率过高，拉低了项目整体的可看性。因此，在近些年的项目中，南京图书馆影像资源建设中心把素材的质量放在第一位，不惜成本将素材采集作为整个资源建设的首要工作，力求做到每一部分集都有足够的时间进行素材采集。如在《何处忆江南——江苏非物质文化遗产》中苏州的《昆曲》和《江南丝竹》是在同一周完成拍摄任务，其中画面素材的重复率高达 35%。而在《江苏特色博物馆揽胜》中扬州的《盆景博物馆》和《剪纸博物馆》，素材重复率只有 15%，而到了《江苏画室》和《江苏民间表演艺术》，从分集的地域选择到拍摄地点的选择，都极大地避免了相近和相关性，而素材重复率甚至低于 5%。

其二是地点的规划。

项目分集的拍摄地点可分为分集主体、当地环境、相关场景和部分空镜等。在前期规划中，拍摄地的确定可以为现场拍摄节省很多时间。拍摄地的规划包括了拍摄地点的选择、拍摄流程的先后顺序以及人员和日程的安排等。

在《何处忆江南——江苏非物质文化遗产》《江苏名人》和《江苏名人故居》等项目的拍摄过程中，一般以拍摄主体为中心，将绝大部分时间用于主体建筑、展厅和采访的拍摄工作，倘若有多余时间，再考虑外景和空镜头的拍摄。从《江苏特色博物馆揽胜》开始，由于拍摄时间充裕，合理的时间和空间的规划变得从容不迫。在《江苏特色表演艺术》项目拍摄中，一般以当地剧团或艺术家的表演日程为主，采取客随主便、相机而行的方式，在地点选取和拍摄时间方面更加自由，不会因为时间和经费的问题导致某一组镜头的缺失。

其三是人员的分配。

在《何处忆江南——江苏非物质文化遗产》的拍摄过程中，外拍小组由一个领队（负责外联）、两个主摄（负责摄像机架设和操作）、3～4 个辅助人员（负责配合主摄人员进行辅助设备的架设以及其他相关辅助工作）组成。此时的拍摄团队是同时赴一个拍摄场所进行资源采集，对同一主体拍摄的效率较高。

从《江苏名人》和《江苏名人故居》开始，外拍小组仍由一人领队，但是两个主摄开始分头行动，一个主摄带 1～2 名辅助人员赴不同场地采集素材，领队针对不同需求跟随相应的小组。此种模式在整个拍摄任务的工作周里，相对效率要高于前一模式，同时可以尽量减少因在一周中季节天气的变化，发生导致资源采集失败的情况。

《江苏画室》和《江苏特色表演艺术》的拍摄过程，则自主性更强。由于拍摄主体的个性——画家和表演团队，故而拍摄团队需要紧跟主体的行程和需求随时调整拍摄时间与行程。因此，在这两个项目中，南京图书馆影像资源建设中心的拍摄团队继续更新人员调配方式，选择以主创人员为核心，以 3～4 人为小组团队，单独前往拍摄地进行资源采集，随采随归，不拘泥于某一个时间段。这种方式既简化了队伍形式，同时也避免了一队等另一队的资源浪费的情况。

### 4.1.4　拍摄设备

由于拍摄器材有限，又需要分组拍摄，所以南京图书馆影像资源采集工作组根据不同的场景，对采集设备进行合理分配。

**1. 外景**

通常外景根据景别的不同可以分为近景、中景和大场景等，根据拍摄内容可分为建筑外观、当地环境、随机空镜等，所以在确定场景和内容后，主要对镜头进行选择，如近景选择标准镜头（24～70 mm）（图 4.1）和微距镜头（100 mm）

（图 4.2）等，中景主要选择标准镜头（24～70 mm）和长焦镜头（70～200 mm）（图 4.3），大场景则主要选择标准镜头（24～70 mm）和广角镜头（16～35 mm）（图 4.4）甚至鱼眼镜头（14 mm）（图 4.5）。由此可见，标准镜头在大多数场景中都可以用到，因此南京图书馆影像资源采集中心特地采购了多套标准镜头，以供多组人员工作使用。

图 4.1　标准镜头 EF 24～70 mm f/2.8L II USM

图 4.2　微距镜头 EF 100 mm f/2.8L IS USM

图 4.3　长焦镜头 EF 70～200 mm f/2.8L IS III USM

图 4.4　广角镜头 EF 16～35 mm f/2.8L III USM

2016 年，南京图书馆职工李天参加了 AOPA（中国航空器拥有者及驾驶员协会）（图 4.6、图4.7）民用无人驾驶航空器系统驾驶员培训，并通过一系列严格的考核，取得了国家民航局颁发的无人机机长证。随即，南京图书馆影像资源建设中心于国内图书馆界，率先在国家法律法规允许范围内，进行相关视频的自主航拍，为文化宣传事业开拓一条新视野。

图 4.5　鱼眼镜头 EF 14 mm f/2.8L II USM

图 4.6　AOPA 中国航空器拥有者及驾驶员协会

图 4.7　李天在操纵无人机



在航拍设备的选择方面，通过近两年的摸索，包括实验性采购试用(一架八轴无人机)，自筹经费采购两台大疆无人机 PHANTOM(精灵 1 和精灵 2)(图 4.8)，最终寻找到适合专题片拍摄的航拍器材。南京图书馆影像资源建设中心主要以大疆 DJI 相关系列产品为主，针对不同的拍摄场景先后采购了 INSPIRE RAW(悟)(图 4.9)中型航拍器和 MAVIC II(御 2)(图 4.10)专业版小型航拍器，在多个专题片拍摄过程中采集到令人震撼的画面。

图 4.8　航拍设备 PHANTOM

图 4.9　航拍设备 INSPIRE RAW

## 2. 内景

图 4.10　航拍设备 MAVIC II

专题片的资源素材大部分情况下都是在室内展现的，因此室内拍摄是资源采集的重点。室内的径深、光线、陈设位置等都是影响室内拍摄效果的重要因素。

在大多数 15～50 平方米的房间内，佳能的 5D 2、5D 3（图 4.11）、C 300（图 4.12）、XF 205（图 4.13）和 XF 305（图 4.14）都能较好地完成景别调焦，配合标准镜头（24～70 mm）和长焦镜头（70～200 mm）可以很准确地进行对焦。

图 4.11　相机 5D Mark 3
搭配镜头 24～70 mm

图 4.12　摄像机 C 300

图 4.13　摄像机 XF 205

图 4.14　摄像机 XF 305



**3. 灯光**

自然光是最好的光源，但是很多情况下室内无法采集充足的自然光，尤其是窗户、窗帘的遮挡，导致被拍摄物会有阴影遮挡。因此在室内拍摄时，通常都会用到补光灯。LED 平板灯（图 4.15）是南京图书馆影像资源采集中心使用最多的光源器材，通过调节光强度和 EV 值以适应现场光的需求。在外拍的时候会选择便携式 LED 平板灯，锂电池供电可解决现场无电源的困局。另外，白平衡的调节是非常重要的，此步骤的缺失容易造成画面颜色失真等情况，对后期造成巨大压力。

图 4.15　在昏暗的室内给拍摄主体打光

自然光所造成的光影效果，若合理利用可以表达不同的含义，移动的光影往往用来表述岁月的流逝（图 4.16）。

图 4.16　自然光的光影效果

**4. 采访**

南京图书馆影像资源的建设项目向来喜爱把人物采访作为专题片中一个突出的部分，不仅是资料的来源及佐证（人物口述），而且经常作为资源展示重点（现场表演）。在人物采访的设备中，声音和图像的采集尤为重要。

在采访画面中，通常采用半身入镜的景别，使用标准镜头（24～70 mm）或者长焦镜头（70～200 mm），尽量做到双机位采集，这对后期加工有极大好处。采集设备使用 5D 3 或者 C 300，使用最大成像像素，保证被采访者的一举一动被完整记录。XF 305 和 XF 205 在人物采访画面中有时会有一定噪点，尤其是与 5D 3 或 C 300 同时使用时，画面对比后噪点表现尤为突出。

在采访过程中，人物不可避免地会出现晃动，有的是因为紧张，有的是因为习惯，这对拍摄设备的对焦造成极大的考验——拍摄距离近，无法及时自动对焦。随着拍摄设备的不断升级，南京图书馆影像资源中心开始采购新型自动对焦设备（索尼 A 9 等），可即时对被采访对象的人眼进行跟踪对焦，极大地减轻了拍摄人员的对焦负担。

《何处忆江南——江苏非物质文化遗产》《江苏名人》《江苏名人故居》等项目中，人物采访设备使用的是松下 AG-HVX 203 AMC 摄像机，此机器采用两种格式采集——磁带采集（像素为 720 × 576）和 P 2 卡采集（像素为 1 920 × 1 080）。然而当时的 P 2 卡价格昂贵，且读卡器与 P 2 卡本身技术并不成熟，经常容易出现故障，且项目方对画质要求仅为 720 P，故而此时的素材采集均以磁带采集为主，画质也为 720 P，画幅比例为 4∶3。

自《江苏特色博物馆揽胜》开始，南京图书馆影像资源建设中心开始购入高清采集设备，如 FX 305、C 300、5D 3、1 DX 2 等，尤其是 5D 3 和 1 DX 2，成像质量清晰、镜头可换使得拍摄景别可选择面更广，并且具有重量轻、方便携带的特点，非常适合外出拍摄需求。

在人物采访中，灯光的作用尤为重要，需要平板灯打环境光、聚光灯打轮廓光以及面光灯打面光，但是在实际外拍过程中，无法满足充足的灯具选择，因此轮廓光和面光也均由 LED 平板灯来完成。好在绝大多数情况下人物采访画面都是只有一人，因此南京图书馆影像资源建设中心通常会带几块柔光板，来弥补面光不足的情况（图 4.17）。

图 4.17　采访现场图

电视新闻采访中，主持人通常会手持采访话筒对着被采访人采集音频，电影拍摄中也会有一根吊杆由场外人员架设在演员头顶采集现场声音。而在数字资源建设的项目拍摄过程中，由于人员和设备精简的原则，拍摄团队主要选择以小型化的音频采集设备为主。《何处忆江南——江苏非物质文化遗产》的人物采访，主要以松下 AG-HVX 203 AMC 摄像机自带麦克风收音为主，从《江苏名人》和《江苏名人故居》开始，采用有线小蜜蜂连接被采访人和摄像机，使用小蜜蜂之后，环境音的影响被极大地降低，后期人物声音的表现更加清晰、柔和。《江苏特色博物馆揽胜》使用了无线小蜜蜂技术，配合 5D 3、1 DX 2 和 C 300等高清设备，摆脱了音频线的束缚，在距离和人物体感上都得到了极大的拓展，尤其是在博物馆讲解的拍摄过程中，摄像机甚至不需要跟随讲解人移动，而只需要推移镜头，即可完成一个脚步移动的镜头拍摄。

**5. 现场活动**

一些专题片的主题是表演，而现场活动的拍摄则必不可少。部分活动是在白天的室外，部分活动是在剧场内，大部分情况下，环境光都可以满足拍摄需求。现场活动通常场地较为宽阔，景别较大，在镜头选择上一般以标准镜头(24～70 mm 或 24～105 mm)为主。而由于现场活动会要求拍摄角度的不断变化，因此拍摄设备也尽量选择轻便的机器，如 5D 3 或 XF 205 等。考虑到现场人物的位置变换，可能需要经常进行镜头的推拉，因此具有自动跟焦功能的摄像机(如 XF 205)则更适合此类拍摄任务。

**6. 辅助设备**

在研究航拍设备的同时，也在拍摄过程中不断研究多种拍摄方式的实现手段，比如通过将八轴航拍器上的三轴稳定器拆卸下来，安装至自制的手持横杆上，吊装单反相机进行地面移动拍摄。大疆同期也生产发布了相关产品，如 RONIN(如影)系列等，但是经过自行改装实验后发现，此类拍摄手法需要耗费大量人力，且需要经过专业训练，对臂力和平衡力有一定的要求，同时设备的安装、调试和配重等，都需要花费大量时间和安装辅助设备，并不适合人员较少、时间较短的外出拍摄。

通过大量研究和对比，南京图书馆影像资源建设中心采购了 OSMO(灵眸)(图 4.18)系列手持拍摄设备，此类设备体积小、重量轻、便于携带，同时在安装和使用上极为便捷，可满足少量移动画面的拍摄，对专题片整体拍摄进程不构成影响。

另外，诸如摇臂和滑轨也是常用的拍摄辅助设备(图 4.19、图 4.20)。

图 4.18 OSMO(灵眸)系列手持拍摄设备

图 4.19 摇臂

图 4.20 滑轨

## 4.2 拍摄技巧总结

南京图书馆对于影像资源采集工作一向非常重视，在队伍组成方面形成了一套完整而高效的模式：一人带队(通常为分集编辑负责人)，主要负责外联及人物采访的提问；两人摄像，可在有限时间内分组进行内外景和其他内容拍摄，在人物采访时亦可进行双机拍摄；1～2 人辅助，主要负责仪器、灯光、收音及其他拍摄辅助设备的架设和看管。如此 3～5 人的小型团队，不仅可以高质量地完成拍摄采集任务，同时在规模上达到了即时新闻采集的精简水平。

精彩的专题片离不开富有生命力的细节，在拍摄专题片的过程中，拍摄者要结合之前已经制定的主线来取舍，用一个和主题密切相关的事件或者故事，抓住具有揭示典型意义以及价值的镜头来展现事物的个性，深入必要事件的实际环境中去拍摄，借助于真实的画面反映拍摄对象的内心世界。细节主要展示了表现对象的局部或者细微变化。细节分为事实细节与形象细节两种，能够揭示主题，刻画人物性格，表达情感，推动情节向前发展。

专题片记录的人物以及事件必须借助于生动的人物形象、色彩斑斓的画面以及触动人心灵的生活化场景，才能体现艺术的魅力。制作专题片，需要综合运用电视的一切技术以及艺术手段，创造有生命力、活泼有趣的细节，烘托气氛，渲染情绪，使作品的主题更加深刻，使作品充满诗情画意，引人入胜，从而增加专题片的艺术性，打动观众的心灵[1]。

### 4.2.1 人物采访

南京图书馆影像资源建设中心所完成的自建项目，大部分都是以人为中心，如《何处忆江南——江苏非物质文化遗产》中，虽然主体是非物质文化遗产，但是非遗都是需要人来传承的，没有人就没有非遗一说。《江苏名人》和《江苏名人故居》更不用说，人物刻画占据了重要部分。《江苏特色博物馆揽胜》的主体是博物馆，但是人物和事件始终穿插在博物馆的历史、展柜以及介绍之中。因此，人物采访在各个项目的建设过程中，是不可缺少的部分。

人物采访在整个资源采集过程中既是重点又是难点。首先是主创人员需要针对项目主体选择适当的采访人物。在《何处忆江南——江苏非物质文化遗产》中，非遗传承人是项目采访的重点对象，主创人员尽量选择高级别传承人，如国家级或省级项目代表性传承人，传承人的口述既能准确、专业地描述和介绍非遗项目的内容和精髓，同时在现场展示方面更加直接，具有更强的说服力和表现力。

当地非遗文化的参与人员也是采访对象不可或缺的选择因素，如《高邮民

[1] 何龙生.试论电视专题片拍摄过程中的细节把握与技巧[J].西部广播电视，2019(20)：111-112.

歌》中的高邮民歌搜集整理者、《昆曲》中的苏州昆剧院院长、《苏州道教音乐》苏州城隍庙道长、《扬剧》中的扬州扬剧团导演、《惠山泥人》中的惠山泥人厂厂长等，这些参与者可以从一个侧面展示当地的文化底蕴和非遗项目的传承状态。

高邮民歌搜集、整理者索兴："1956 年 1 月成立高邮宝塔农业生产合作社。刚成立的时候还是一个新兴事物，用老百姓自己熟悉的、自己会唱的民歌。我把它收集起来以后，再填上新的词，把民歌通过朗诵连接起来，编一个高邮民歌联唱。当时《新华日报》社有个记者叫田原，也到那里去采访，田原写了六七段歌颂新农村的内容。我就把他写的和我填写的词融在一起，编到民歌联唱里来。写好了以后还要教他们唱。1956 年 3 月 15 日，扬州专区举行的农村青年业余文娱会演，高邮民歌联唱就在文娱会演上演唱了。演唱以后，最后评奖的时候，就获得了一等奖。我那个时候获得了民歌创作奖。"(如图 4.21)

图 4.21　高邮民歌搜集、整理者　索兴

苏州昆剧院院长蔡少华："应该讲昆曲原来就是一种小众的艺术，也许在四年以前，我们在整个的演出，和大家的认同，我们自己都缺乏一种自信。也就是在这几年当中，迎来了民族开放复兴的机遇，也就是在这样的环境下，我们带着昆曲的《牡丹亭》，带着我们的《长生殿》，先后赴美国、英国、希腊、比利时、日本、东南亚，以及我国的台湾、香港、澳门演出，原来我们的昆曲，并不是说没有人喜欢……这些都是对我们的一种鼓励、一种感动，更坚定了我们要用我们传承的成果，让更多的人一起分享，这可能也是我们的责任。"(如图 4.22)

图 4.22　苏州昆剧院院长　蔡少华

苏州城隍庙道长孙志刚："因为我们的道士，特别在苏州这一带，是以宗教活动比较多，以斋醮法事比较多。它不但包括了念唱，还有许多乐器。作为一名真正合格的道士，吹弹拉念唱都要会。所以说作为一名道士非常不容易的。由于历史的原因，经过'文革'这一段时间，我们这个道教音乐，道教这方面的科仪里面，的的确确失去了好多好多的东西。现在我们唯一的，就是把一些幸存的东西，怎么样才能把它一代一代传下来。我们当代的道士有这个责任感，把这个事情做好。"（如图 4.23）

图 4.23　苏州城隍庙道长　孙志刚

扬州市扬剧团导演邱龙泉："扬剧由花鼓戏、香火戏和扬州清曲三部分组成。花鼓戏是主要表演形式，从香火戏来讲，当时有一部分艺人，叫半巫半演，一半是唱戏的，一半装扮成巫人，帮助人家驱鬼消灾。花鼓戏比较清新活泼、粗犷质朴，清曲则比较细腻典雅。扬剧的整个风格就是集粗犷、质朴、典雅、细腻、活泼、清新于一体，形成了剧种的表演风格。"（如图 4.24）

图 4.24　扬州市扬剧团导演　邱龙泉

惠山泥人厂厂长沈大授："所谓粗货，就是用模具做的一些泥人，当时惠山周围的一些农民，在农闲时期为了赚钱补贴家用就把泥人作为一种副业。为了大批量地生产，就采用陶器做成的模具，然后再印出来，大名鼎鼎的惠山大阿福，就是粗货，就是用模具制作的。"（如图 4.25）

另外当地的文史专家和文化管理单位负责人，也是采访的选择对象。如《江南丝竹》中的太仓江南丝竹协会会长、《高邮民歌》中的扬州音协名誉主席、高邮市文化局局长、《南京云锦木机妆花手工织造技艺》中的南京大学历史系教授、《秦淮灯会》中的南京市秦淮区文史办主任、《苏州甪直水乡妇女服饰》中的甪直镇文体中心主任等。文化管理单位负责人可以从地方管理者的角度阐述非遗项目对当地文化发展的作用及当地政府对非遗项目的支持和推动；而文史专家则从理论的角度分析非遗项目在整个中华文明发展过程中的地位和作用。

图 4.25　惠山泥人厂厂长　沈大授

太仓江南丝竹协会会长高雪峰:“江南丝竹诞生在昆曲的改革当中,四百年以前魏良辅定居在太仓,在改革昆曲的时候,由张野塘协助魏良辅组建了一个昆曲伴奏乐队。当这个伴奏乐队独立演奏乐器的时候,这个演奏形式实际上就是江南丝竹乐队演奏的一个雏形。”(如图 4.26)

图 4.26　太仓江南丝竹协会会长　高雪峰

扬州市音协名誉主席、国家一级指挥戈弘:“高邮的民歌充满了文化气息,这与高邮是历史文化名城有很大的关系。我们知道高邮曾经出过秦少游、王念孙、王引之父子和当代作家汪曾祺。高邮有许多文人墨客，这对民歌的影响，是不言而喻的。高邮民歌本身有好多词就相当精彩，这个与很多的历史文化积淀有着深厚的关系。”（如图 4.27）

图 4.27　扬州市音协名誉主席　国家一级指挥　戈弘

南京大学历史系教授蒋赞初：“正史和野史笔记的记载，再加上出土的实物，综合起来，我认为南京云锦开始于东晋末年，但是最盛的时候应该是南朝，而且向邻国输出。在南朝，隋灭陈之后，采取了很激烈的措施，把南朝的宫殿夷为平地，那么这些织工、百工怎么办呢，采取了分散的措施，把这里的居民同技术工人分散，其中大部分迁到现在的扬州，还有一部分迁到当时的润州，就是现在的镇江。史料中记载，迁到扬州的居民有数千家，于是扬州织锦业就发达起来了，实际上是南京（金陵）过去的技术工匠。镇江丝织业织锦也发展起来了，根据古籍《元和郡县志》记载，润州就向中央政府进贡丝绸织锦等。另外还影响到杭州，最早的技术工人是从润州弄过去的，吴越国的创始人在唐朝末年叫钱球，从润州搜罗了技术最好的工人三百余人，到杭州西府（西边府库）专门搞织锦工厂。当时建康（南京）的工匠实际对扬州、镇江、杭州的丝织业起了一个推动作用。因为隋唐时期的政策是压低金陵，抬高扬州、润州、杭州，到了南唐基本上又全部从扬州回流到金陵，所以南唐的丝织业又复兴了，就为下面宋元的金陵丝织业的发展奠定了基础。因为南唐的文化艺术和经济文化艺术都比较繁盛，到了北宋灭南唐后，基本上没有被破坏。宋高宗为了向金人送岁币，就让

建康府每年提供一万匹锦缎。所以我们有理由相信南宋时云锦业实际上已经有了相当的发展。”(如图 4.28)

图 4.28　南京大学历史系教授　蒋赞初

南京市秦淮区文史办主任高安宁:“南京是十个朝代的首都,东吴、东晋、宋、齐、梁、陈、南唐、明代、太平天国、中华民国等十个朝代分别在南京建都。这十个朝代最繁华的地方叫作市井繁华,市井繁华主要在十里秦淮,秦淮河两岸的老百姓在这个地方居住,一些商业、文化娱乐活动都在十里秦淮两岸。”(如图 4.29)

图 4.29　南京市秦淮区文史办主任　高安宁

角直镇文体中心主任周民森:“水乡妇女服饰随着年龄的变化而有变化,一般根据传统,十三岁的女孩子,就要举办一个开笄礼。十三岁的女孩子开始走向成人了，那么逐渐头上要戴包头，身上要逐步穿我们这些劳动人民的服装——拼接衫。根据年龄的变化，我们基本上有中青年妇女的服装和老年妇女的服装，这个特点比较明显。孩子从十三岁开始，这时孩子的服装相对来说，用比较鲜俏的颜色，都是用花色布做成。中青年服装中更有讲究的是包头。一般来说包头顶上，都是用深色或者干脆是黑色做成，两个尖角用淡颜色，淡蓝色或者是士林布颜色，或者干脆是白色，黑白相拼，形成了显俏的对比效果。水乡妇女服饰，是我们劳动人民的服饰，所以一年四季的穿着，随着季节的变化而有变化，基本上我们按季节分类分春秋服和冬季服。春秋服现在市面上看到的基本上属于这一类。冬季服由于穿棉袄，色彩、做工方面相对来说简单一点。至于夏季的服装，除了裤子和布衫之外，主要特色就是肚兜。除此之外，夏季服装应该说品种比较少。春秋季，因为正值农忙季节，所以我们看到的这些服装的一个特色就是有相异的颜色，用不同的颜色搭配而成，我们习惯称它为拼接衫。之所以为拼接，它起源最早就是出于在劳动过程中间，某些部位破损了要缝补，比如说肘关节破了，在肘关节的地方要把破口缝上，那么这样子新跟旧的布颜色，就产生了色彩的变化。后来劳动人民慢慢地摸索，干脆缝上去的时候，就用异色的布来相缝相拼，这么一来就产生了显俏的效果，所以逐步从它的功利性，发展成今天意义上的艺术性。”（如图 4.30）

图 4.30　甪直镇文体中心主任　周民森

在灯光方面，尽量采用3个以上光源补光（面光、侧光和背光），突出人物轮廓，白平衡尽量接近环境光，在校对时以被采访对象的面部为准。

人物采访不仅在项目内容中占据非常重要的地位，同时在后期编辑过程中，亦可起到联系和承接的作用。此部分将在“后期制作”中详述。

### 4.2.2 拍摄景别

景别是视觉语言的一种最基本的表达形式，被摄主体和画面形象在电视屏幕框架结构中所呈现出的大小和范围，是对空间的描绘与再现。根据对人的视觉心理的考察，当我们在屏幕上看到任何一个画面的时候，在第一时间内视觉所发生的第一反应，就是认同、感受到画面的景别形式，也就是先辨别出这幅画面是一个什么样景别的画面，其次才会从这种画面形式范围进入画面内在的如画面内容、构成结构、造型元素等的观察、接受、感知和理解分析过程。

景别表现的是被摄对象在画框内所呈现的范围的大小。这种范围的大小受到两个方面因素的影响：拍摄距离和镜头焦距。在其他拍摄条件不变的前提下，当被摄对象处于距离摄像机较远位置的时候，所得到的画面范围较大，而被摄对象的尺寸相对较小，细节不显著，景别较大；而当被摄对象处于距离摄像机较近位置的时候，所得到的画面范围较小，被摄对象的尺寸相对较大，景别较小。

而在拍摄距离（物距）不变的条件下，我们也可以利用摄像机的变焦距镜头实现画面的景别变化。由于焦距短则成像放大率小，而焦距长则成像放大率大，所以利用短焦距拍摄的画面景物呈现的范围较大，而利用长焦距拍摄的画面景物呈现的范围较小，所以焦距越短，画面景别越大，而焦距越长，画面景别越小。当焦距连续变化时，将形成画面景别的连续变化，实现运动画面推和拉。

景别的处理，是在摄像操作中的一项重要的造型手段。它是摄像师根据所要表现内容的不同，对拍摄对象在画面中出现的范围大小进行的选择和取舍，从而实现造型意图。不同的景别，表现的是不同的视野、空间范围、视觉韵律和节奏。与我们平时在生活中所观察到的画面相比，景别的作用主要突显在它能更直接地表达拍摄者的意图，将那些与主题无关或者关系不大的内容删减或者削弱，使得观众能对画面所要表达的内容有更直接的了解。而更重要的一点是，画面景别的单独存在、前后排列、段落组合等的有机运用将使其形成一定的造型效果和视觉效果，这也是在屏幕视觉形象中，电视片风格的重要体现之一。

专题片的拍摄不同于宣传片和电影，因其节奏相对较为舒缓，故而在景别的变化上不会有太多起伏。但是平缓不代表单调，为了在后期编辑时能有更多选择，南京图书馆影像资源建设中心在素材采集的过程中，通常采用同一素材进行多景别采集，方便后期剪辑根据不同的节奏和情境进行切换和调整。

景别的取决因素有两个方面：一是摄像机和被摄体之间的实际距离，二是所使用镜头的焦距长短。针对不同的主体，在景别的选择上亦有区分。

建筑以全景为主，包含布局、结构和细节（图 4.31～图 4.33）。

图 4.31　航拍南京图书馆全景

图 4.32　仰拍南京图书馆全景

图 4.33 古式建筑中景细节

内容以展板和实物为主，整体和局部兼顾，突出细节；如在拍摄油画时，首先要拍摄它的整体，展现其构图和意境，再拍摄局部特写，展现油画技艺的高超以及与其他绘画艺术的不同，放大油画的纹理(图 4.34、图 4.35)。

图 4.34 油画全貌

图 4.35 油画的纹理

人物以自述为主，加以实地操作、表演（采访人声话不入镜），突出肢体和动作细节。如在拍摄金陵刻经处的大师时，在不打扰其工作的状态下拍摄，他们一边工作，一边介绍几句正在操作的步骤，在这样自然的状态下，摄像师可以抓拍其工作中的手部细节，展现该非遗工艺的特点（图 4.36、图 4.37）。

图 4.36 刻版 近景

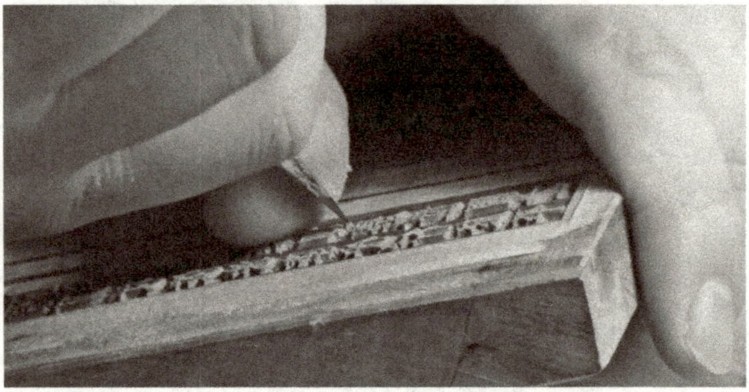

图 4.37 刻版 特写

### 4.2.3 空镜的运用

空镜头(scenery shots)又称“景物镜头”,常用以介绍环境背景、交代时间空间、抒发人物情绪、推进故事情节、表达作者态度,具有说明、暗示、象征、隐喻等功能,在影片中能够产生借物喻情、见景生情、情景交融、渲染意境、烘托气氛、引起联想等艺术效果,在银幕的时空转换和调节影片节奏方面也有独特作用。空镜头有写景与写物之分,前者通称风景镜头(图 4.38、图 4.39),往往用全景或远景表现;后者又称“细节描写”,一般采用近景或特写。空镜头的运用,不只是单纯描写景物,而是影片创作者将抒情手法与叙事手法相结合加强影片艺术表现力的重要手段。

图 4.38　风景空镜

图 4.39　风景空镜

专题片的脚本叙述往往并不总是以项目主体为中心，譬如在叙述项目主体的由来、历史背景、地方环境、相关内容等方面时，就需要有空镜头进行串联。空镜头的选择在拍摄过程中一般是随机的，南京图书馆影像资源建设中心的拍摄团队通常会选择拍摄主体周围的景物和环境作为空镜头的拍摄重点。但是空镜头不能总是以大场景为主，有时中近景和细节的刻画更能表达文字叙述时的意境。当然，摄像师选择空镜头的拍摄方式也需要事先对脚本有一个大概的了解，在遇到合适的环境时可以及时捕捉到。由此也可以反映出，南京图书馆影像资源中心在资源建设队伍中采用全员具备全套技能这一方式的优势和必要性。

## 4.3 后期制作

专题片的制作是一个相对漫长的过程，它经历了一系列流程，后期剪辑是其中非常关键的一步。剪辑的效果如何，会直接影响专题片的节奏感，影响片中叙事的完整性与紧凑性，影响项目的审美水平和整体质量[1]。

### 4.3.1 后期剪辑的重要性

一是，影响专题片的节奏感。

如前文所述，在专题片制作的后期剪辑过程中，节奏的控制是非常重要的一项内容，因此，做好了节奏的把控，无疑会对整个专题片的节奏感造成明显的积极影响。例如，如果后期剪辑人员对节奏的把控不够敏感，缺乏控制节奏感的突出能力，就会导致最终的专题片成品出现不同情节切换不畅的问题，最终对专题片的整体节奏感与观感造成不利影响。

为避免出现此类问题，专题片制作的负责人往往会安排具有一定剪辑经验与节奏控制力的人员完成该项工作，确保其能准确抓住画面的重要剪辑点，明确剪辑的合理位置和画面的科学衔接形式，进而确保整个影片的连贯性。

二是，影响专题片叙事完整性、紧凑感。

专题片的制作与呈现，其最基本的要求就是要能够对特定的事件信息进行准确全面的表达，确保整个影片言之有物，使得受众能够通过观看专题片顺利获取一定的有用信息。因此，专题片的后期剪辑人员必须首先保证影片叙事的完整度与清晰度，避免信息交代不清楚、叙述节奏紊乱等问题出现。当然，在对叙述功能的处理上，还可以运用一些巧妙的手法，使得影片更具观看性，例如许多影视剪辑人员会通过情节阐述顺序的调整，为故事设置更多的悬念，倒叙、插叙等方法都是比较常用的，还有伏笔等的设置，也可以在一定程度上起到吸引

[1] 洪燕.后期剪辑在电视节目制作中的重要性探讨[J].卫星电视与宽带多媒体，2020，(20)：110-112.

观众的作用。

三是，影响专题片的审美水平。

当前，与群众物质生活水平不断提高保持同步的，是其审美水平的逐步提升。为了满足群众日益提高的审美要求，专题片必须更具内涵与美感。如果长期按照传统的制作模式与理念，传达那些陈旧的信息，千篇一律地运用固定的模式，无疑会使得专题片逐步丧失其生命力。而后期剪辑作为对专题片进行整体调整的重要手段，剪辑人员需要对相关的剪辑技巧进行充分的利用，使得影片用一种令人耳目一新的方式呈现出来，同时给人一种技巧性、艺术性强的印象。

四是，影响专题片整体质量。

事实上，专题片的后期剪辑，不仅会从节奏、结构、叙事效果等单个角度入手，对影片造成影响，还会通过这些角度效果的综合呈现，形成对专题片的整体印象。事实上，后期剪辑不是孤立的，它也要与专题片的前期筹备、中期制作保持紧密的联系，剪辑人员需要对前期的信息采集、视频拍摄、现场录制等作必要的了解，把握主要的素材信息，进而对可选择的信息内容进行综合对比与研究，确定可用内容，并且对其进行整合与剪辑，最终打造出具有整体连贯性、感染力较强的节目内容。



### 4.3.2 素材的剪辑

素材资源采集工作完成后，需要对采集的素材进行整理、分类，并在分类的过程中，进行素材的预编，即筛选相对适合本次编辑所需的素材，将明显无关的素材分拣出去。

预剪也称作初剪。初剪阶段，导演会将拍摄素材按照脚本的顺序拼接起来，剪辑成一个没有视觉特效、没有旁白和音乐的版本。

在初剪得到认可以后，就进入了正式剪辑阶段，这一阶段也被称为精剪。精剪部分，首先是要对初剪不满意的地方进行修改，然后将特技部分的工作合成到广告片中去，广告片、画面部分的工作到此完成。在专题片的剪辑过程中，需要注意几个原则。

一是，画面节奏的控制。专题片的画面呈现，需要把握几个主要因素，这不仅包括基本的画面信息、文字内容、音效动态，还有整体的节奏。一般来说，如果专题片播放的节奏过慢，会给人拖沓、疲惫的感觉，进而对节目产生厌烦；此时，后期剪辑人员通过适当的调节措施，加快节目播放的速度，就可以使整个节目显得更为紧凑、连贯、流畅，进而使节目呈现出更好的效果，从而得到观众的认可与喜爱。

二是，剪辑整体结构的把握。专题片的后期剪辑除了要关注上述一系列要素之外，对整体结构的把握同样有着举足轻重的意义。节目结构的连贯与否、完整性如何，会影响整个节目的叙述清晰度、主次与详略。为设计出一个完美的结构，后期剪辑人员往往会从剧本等要素入手，对其进行深入研读，并且与导演做好足够的交流与探讨，使其掌握剧本所要传达的中心思想与核心情感，进而对整个节目的艺术效果加以优化，使其展现出更高的艺术感染力。

三是，注重素材方面的动静结合。剪辑师若想促使后期剪辑画面具有动态化美感，可以在剪辑制作时科学恰当地运用动与静相结合的剪辑艺术手法，从而更为有效地促进画面之间的动态连接，使画面亦动亦静，富有变化性。具有动态美的画面可以在一定程度上提升电视节目艺术感，给予观众更加丰富、立体、富有层次感的视觉体验。

"动""静"是指在摄像机或画面中主体处于运动状态或静止状态。"静"接"静"中，要求两个画面镜头是静止的，剪辑点的选择要根据画面内容来决定。组接固定镜头时，若一个镜头是静止的，另一个镜头是运动的，可选取主体动作的停顿处进行切换处理，也可以在运动主体处于不醒目位置或被遮挡位置时进行切换处理；若两个镜头均是运动的，可以在主体运动过程中选择剪辑点。若两个镜头均为运动镜头时，且满足运动方向一致的条件，可剔除上一镜头的落幅和下一镜头起幅进行组接；若两个运动镜头的运动方向不一致，可选择在两个镜头中主体运动稳定后进行组接，即组接上一镜头的落幅和下一镜头的起幅。"半截子"是"动"接"动"的特殊用法，是指在运动过程中对不同运动镜头和运动主体进行切换组接，增强画面的韵律动感，突显鲜明的节奏感。除了以上两种组接方式外有"静"接"动"和"动"接"静"的方式。这两种画面组接要考虑主体对应关系、因果关系、呼应关系和运动节奏变化等因素，以确保组接镜头由静到动、由动到静能够自然过渡。

故而，在剪辑制作中，剪辑师一定要明确各个镜头画面中主体之间的逻辑关系。通过利用镜头画面中的静态参照物，突显处于运动状态的主体，或者通过处于运动进程中的物体，来烘托处于静态的主体，从而达成动静结合的画面感，为观众呈现美好的视觉感受[1]。

### 4.3.3 后期软件

南京图书馆影像资源建设中心在后期编辑工作中尝试使用过多种不同的非编软件，包括大洋、索贝、EDIUS、ADOBE PROMIER、达芬奇等，许多主创人员都可以根据自己的喜好和创作习惯选择自己的软件。以下选择几个常用的软件进行简单介绍：



**1. EDIUS(图 4.40)**

EDIUS 非线性编辑软件专为广播和后期制作环境而设计，特别针对新闻记者、无带化视频制播和存储。EDIUS 拥有完善的基于文件工作流程，提供了实时、多轨道、多格式混编、合成、色键、字幕和时间线输出功能。除了标准的 EDIUS 系列格式，还支持 Infinity™ JPEG 2000、DVCPRO、P2、Vari Cam、Ikegami Giga Flash、MXF、XD CAM、SONY RAW、Canon RAW、RED R3D 和 XD CAM EX 视频素材。同时支持所有 DV、HDV 摄像机和录像机。

图 4.40 EDIUS

EDIUS 因其迅捷、易用和可靠的稳定性为广大专业制作者和电视人所广泛使用，是混合格式编辑的绝佳选择。EDIUS——更多格式，更好流程，可实时混编任何 SD 和 HD 视频素材；原码编辑支持，包括 DV、HDV、AVCHD、无压缩和更多新的 GPU 加速 3D 转场；快速灵活的用户界面，包括无限视频、音频、字幕

[1] 荆宏霞.电视节目后期制作中剪辑艺术探析[J].记者摇篮，2020(2)：108-109.

和图形轨道；实时编辑和转换不同的 HD/SD 宽高比，比如 16∶9 和 4∶3；实时编辑和转换不同的帧速率，比如 60 i、50 i 和 24 p；实时编辑和转换不同的分辨率，比如 1920×1080、1440×1080、1280×720 和 720×480；实时 HD/SD 效果、键、转场和字幕；支持新的基于文件的格式，包括 Infinity JPEG 2000、XD CAM 和 XD CAM EX、P 2（DV CPRO 和 AVC-Intra）和 GF CAM；实时、无须渲染的时间线直接 DV 输出；多机位模式支持同时编辑最多达 8 个机位。

**2. Adobe Premiere Pro（图 4.41）**

Pr，是 Premiere 的简称，由 Adobe 公司开发的一款常用的视频编辑软件，由 Adobe 公司推出。现在常用的版本有 CS 4、CS 5、CS 6、CC 2014、CC 2015、CC 2017、CC 2018、CC 2019 以及 2020 版本。Adobe Premiere 是一款编辑画面质量比较好的软件，有较好的兼容性，且可以与 Adobe 公司推出的其他软件相互协作。目前这款软件广泛应用于广告制作和电视节目制作中。其最新版本为 Adobe Premiere Pro 2020。

图 4.41　Adobe Premiere Pro

Premiere Pro 是视频编辑爱好者和专业人士必不可少的视频编辑工具。它可以提升创作能力和创作自由度，是易学、高效、精确的视频剪辑软件。Premiere 提供了采集、剪辑、调色、美化音频、字幕添加、输出、DVD 刻录的一整套流程,并和其他 Adobe 软件高效集成,足以完成在编辑、制作、工作流程上遇到的所有挑战,满足创建高质量作品的要求。

**3. Adobe After Effects(图 4.42)**

Adobe After Effects,简称“AE”,是 Adobe 公司推出的一款图形视频处理软件,适用于从事设计和视频特技的机构,包括电视台、动画制作公司、个人后期制作工作室以及多媒体工作室,属于层类型后期软件。

Adobe After Effects 软件可以帮助剪辑人员高效且精确地创建无数种引人注目的动态图形和震撼人心的视觉效果。利用与其他 Adobe 软件无与伦比的紧密集成和高度灵活的 2 D 和 3 D 合成,以及数百种预设的效果和动画,为电影、视频、DVD 和 Macromedia Flash 作品增添了令人耳目一新的效果。Adobe 官方最新版本为:Adobe After Effects 2020。



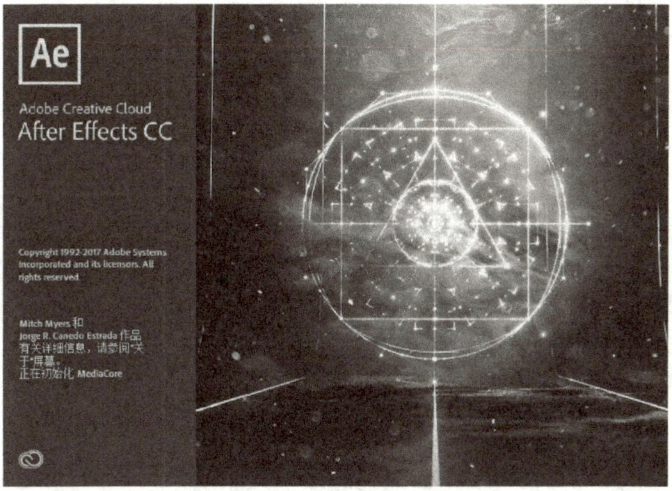


图 4.42　Adobe After Effects

**4. 达芬奇调色系统(图 4.43)**

强氧全新达芬奇(DAVINCI RESOLVE)调色系统突破传统理念,摆脱单机性能不足的瓶颈,是最先进计算机集群技术和 GPU 运算技术的结合,因此调色过程具有最高的实时性,即使客户提出各种苛刻要求:添加许多一级调色、二级调色、Power Window、多点跟踪、模糊或更多操作后,点击 Play 仍然实时播放。

最新的达芬奇软件升级添加了快编页面，将剪辑、调色、视觉特效以及音响等更能整合统一，成为非线性编辑系统的一支新秀。

图 4.43　达芬奇调色系统

## 4.4　后期包装

南京图书馆影像资源建设中心在对项目成果进行宣传推广方面始终不遗余力，除了进行项目成果的上传外，还进行多方位、多角度、多形式的宣传和推广，其中建设专题数据库在网站上发布以及刻成光盘和制成宣传彩页在行业内进行互赠的形式是最常用的宣传推广方式。近年来，建设团队还主动与相关出版行业合作，将项目成果以文字、图片、光盘等形式进行出版发行，不仅对素材资源进行了二次开发和利用，对于项目的推广和宣传效果更是达到了前所未有的高度。

公共数字文化工程对于项目的完成要求是剪辑成片，而南京图书馆影像资源建设中心在自建资源建设过程中，特别注重素材资源的保存和再利用，即每一次素材采集后，将每一份素材进行校对、精编，除了用于项目的视频编辑成片外，还另外进行精剪和分类，并单独保存，从而建设成为南京图书馆数字资源素材库。该库建设的重要意义在于，适时保留每一时期当地的人文影像资料，同时为今后南京图书馆自建资源数据库作补充材料，正所谓，利在当下功在千秋。

# 第5章

# 非遗影像数据库中非遗传承人的形象架构

一切文艺都关乎“人”。文化是人在数千年的生存中不断适应、改造自然而积累总结的精神内涵。文化的传承和保护，其关键就是作为传承主体的传承人。非遗纪录片本质上是通过影像来说明非遗所发生的动作环境，叙述真实的非遗事件，以人物贯穿故事结构，从而塑造真实可信、形象饱满的非遗传承人形象，用真实可感的具体事件和人物来激发受众的审美体验和内心世界，从而对非遗有一个较为全面立体的认知。

目前，非遗的传承人只是一个约定俗成的说法，并没有一个对“传承人”的明确概念界定。在民俗学中，“民俗传承人”是指民俗文化的主要承载者，是民俗实践经验的最丰富的民俗活动操作者和民俗知识的集散者。在俗民群体中他们是智者、权威，受到俗民的崇敬和信赖。这些人在民俗行事中都有突出的技艺或才能表现。他们往往是世代相继的民俗文化传人和习俗社会规范的主要支配力量[1]。在民间文学研究中，有人给出过“传承者”的解释：“指通过常民的生活经验而具有丰富的传承知识的人”，“传承者以其掌握的传承知识和传承作品的数量和质量而分成不同的等级”[2]。由此可见，传承人必须具备三个要素：一是掌握民俗传统；二是掌握某项遗产的技术技艺；三是具有公认性。

---

[1] 乌丙安.民俗学原理[M].沈阳：辽宁教育出版社，2001：322.

[2] 张紫晨.中外民俗学词典[M].杭州：浙江人民出版社，1991：225.

非遗影像中对传承人形象的描绘有多种方式，其中，心理活动的刻画是人物创作的关键与核心之所在，追踪人物的内心世界和心理嬗变能够把握其形象的塑造过程和变化。人的外在行为方式和生存方式往往与个人价值观相适应，勘察人物内心世界不仅是纪录片所要探求的本质，也是观众与纪录片主人公共情的方式。

## 5.1 记录：真实可感的人物

宏观的铺陈不足以使影像叙事丰厚完整，以各式人物角色串联，才能使叙事表达更为灵动饱满，人物呈现千姿百态。在搭绘非遗的框架时，穿插人物故事，其中朴素平凡的普通人也不在少数，丰盛的人物群像绘就了精彩的文化长卷。真实可感的人物给纪录片增添了平易轻适的盎然趣味。非遗影像通常记录着观众熟悉又不熟悉、平凡又不平凡的人和事，选取具有地域代表性强、富有极强故事性的项目，通过原生态的记录，挖掘素材背后的精神内核。传承人是非遗的核心。

影像中的人物和事件往往是经过创作者的整合与筛选后呈现出的真实，不完全是生活的原貌。非遗影像通常以具体的非遗项目为切入点，以非遗传承人的故事为讲述主线，用平民化的讲述方式和角度，记录中国多如繁星、生生不息的非遗技艺，展现中华文化的独有气质。影片将更多的镜头对准创造美的这些工匠大师，定格传承人精彩的瞬间，放大他们人生中的高光时刻，将传承人的坚守、理想和现实一一记录并呈现给受众。通过对非遗技艺的细致描述，以达成对人与非遗关系的深入理解，传递中国劳动人民在历史文化长河中的生存智慧和审美情趣。影片中所选取的每一项非遗都被打上地域和民俗的烙印，这种具有地域特色的技艺能够给受众带来情感上的共鸣，得到地域认同和心理依靠，勾起对故土、故人的情感。

笔者对《何处忆江南——江苏非物质文化遗产》系列片中的传承人进行梳理（表 5.1），得出目前非遗影像在传承人的选择上存在两个困境。一方面，同一个传承人被不同的纪录片反复拍摄。在非遗影像项目策划的前期，在对于传承人和非遗项目的选择上，最先关注的往往是曝光率较高、名气较大的。这就导致多部非遗题材的片子都是使同一个传承人受到关注，而一些同样拥有精湛技艺的传承人就容易受到忽视。因此，在传承人的选择上，导演应该挖掘其他传承人身上的闪光点，给观众提供不同的视角，更全面了解该非遗项目的传承体系。另一方面，传承人的选定往往集中在某些领域和年龄段里。非遗传承人一般年长者的地位和身份都更为尊贵且级别更高，在一部非遗影片中应该注意非遗的传承体系，老中青三代的传承模式，用一种发展的眼光，为非遗注入活力和传承感。

**表 5.1 《何处忆江南——江苏非物质文化遗产》非遗传承人一览表**

| 非遗项目 | 传承人 | 层级 |
|---|---|---|
| 高邮民歌 | 王兰英 | 国家级 |
| | 曹德怀 | 市级 |
| 惠山泥人 | 柳成荫 | 省级 |
| | 王木东 | 省级 |
| 江南丝竹 | 未采访 | — |
| 南京云锦 | 周双喜 | 国家级 |
| 秦淮灯彩 | 陆有昌 | 省级 |
| | 陆有文 | 省级 |
| | 陈柏华 | 国家级 |
| 秦淮灯会 | 陆有昌 | 省级 |
| 苏绣 | 未采访 | — |
| 昆曲 | 未采访 | — |
| 苏州甪直水乡妇女服饰 | 未采访 | — |
| 苏州评弹 | 邢晏春 | 国家级 |
| 玄妙观道教音乐 | 毛良善 | 国家级 |
| 桃花坞木版年画 | 房志达 | 国家级 |
| 锡剧 | 姚澄 | 国家级 |
| | 小王彬彬 | 国家级 |

（续表）

| 非遗项目 | 传承人 | 层级 |
|---|---|---|
| 锡剧 | 王兰英 | 国家级 |
| | 沈佩华 | 国家级 |
| | 倪同芳 | 国家级 |
| 扬剧 | 汪琴 | 国家级 |
| 扬派盆景 | 赵庆泉 | 国家级 |
| 扬州剪纸 | 张慕莉 | 省级 |
| | 张秀芳 | 国家级 |
| 扬州漆器 | 池家俊 | 省级 |
| | 赵如柏 | 国家级 |
| | 张宇 | 省级 |
| 扬州清曲 | 聂峰 | 省级 |
| 扬州玉雕 | 顾永骏 | 国家级 |
| | 江春源 | 国家级 |
| 南京白局 | 徐春华 | 省级 |
| | 周慧琴 | 省级 |

本节从四个方面对《何处忆江南——江苏非物质文化遗产》乃至非遗影像对传承人的记录方式做分析和总结。

### 5.1.1 不同侧面：从工作到生活

人物在纪录片中占有十分重要的地位，故事情节的发展依靠故事主人公的推动，而人物又因其生活而做出相对应的选择，通常把生活分为“内在的生活”和“外在的生活”两个方面。人物“内在的生活”是形成人物的性格的主要途径，通常展示人物的成长生活环境；人物“外在的生活”是人物性格的展示平台，它呈现出人物的人生观和工作态度[1]。非遗影像往往会挑选一些具有鲜明特色、不同性格色彩、业务能力突出的传承人来刻画传承人群体“执一事，终一生”

[1] [美]悉德·菲尔德.电影剧本写作基础[M].钟大丰，鲍玉珩，译.北京：北京联合出版公司，2012：36.

的工匠精神，以传承人为先导，加以经典事件为辅助，记录非遗传承人的工作和生活。

非遗影像应该把目光更多地放在远离世俗和商品经济的非遗传承人上，展现他们相比于高超技艺之下与常人无异的生活画卷——平凡而又伟大的传承人将其无与伦比的技艺隐藏于日常琐碎，这正是传承人记录价值的体现。这些大隐于世的非遗传承人，触及了观众的心灵深处，让观众为之动容。创作者不仅记录非遗和技艺本身，而且把传承人推上历史舞台，注入更多的关注度。传承人是非遗千百年延续的核心，探寻传承人的心理世界方能寻得非遗发展的前世今生。传承人代表着中国几千年的非遗文化的传承，从他们质朴的日常中，发现穿越千年的中华文化之美。传承人的工作或让你有穿越千年的即视感，或让你叹为观止，或让你心惊胆战。传承人的生活与常人无异，亲切自然，他就是芸芸众生里最普通的一位。普通的街巷里，走街串巷的，行色匆匆的……

《何处忆江南——江苏非物质文化遗产》系列影片着重关注非遗本身，对非遗项目的历史沿革和技艺本身做了很详细的讲述，着重关注非遗传承人在工作中的一面，对传承人的生活描述较少。这一点在近两年其他非遗项目中有所改善。

### 5.1.2 不同维度：从行为到思想

丰富立体的人物形象较之单一平面的人物形象更能得到受众的认可，所以作品展现的通常都是一个饱满的、多维的人物形象。“维”在这里是指矛盾。人物往往是一个矛盾体，记录其在矛盾的碰撞中成长涅槃，来展现人物的真实性格和深层心理。非遗纪录片以传承人的故事为切入点，用传承人普遍的群像缩影来反映整个非遗的现代群体，展现非遗在现实环境下的传承现状。非遗纪录片将镜头对准具有强大精神感召力的传承人，用纪实的方式展现非遗传承和传承人的故事，凸显非遗传承人这一群体在现代化社会背景中，坚持返璞归真，又与时俱进的一面。面对目前非遗概念的广泛运用，同质化的主题从多角度切入，可以给观众耳目一新的观感和体验。

多维的人物性格，在矛盾的激荡中展现人物的弧光，不管人物的本性在这一过程中是变好还是变坏，都是构成优秀作品的基本方式。非遗影像惯用由人到物的叙事方式。影片以小切口展现大智慧，以平凡的传承人展示该群体的坚守与坚持。《高邮民歌》中的民歌手曹德怀不是科班出身，凭着对高邮民歌的一腔热情和挚爱，坚持歌唱，向更多人宣传高邮民歌。他坚守的不仅仅是对艺术的热爱，更是对家乡的真情实感。

民歌手曹德怀："我唱这个民歌也没跟任何老师学过，最主要的是我自己对民歌比较挚爱。我不图报酬，不图名利，就是喜爱唱歌。现在高邮成为民歌大市，也是非物质文化遗产，我对民歌更加热爱。就想用我的余生，为民歌做出一点点贡献。"

一生坚持一件事，非遗传承人展示的，正是新时代飞速发展的中国所不可或缺的"匠人精神"。

白局老艺人马敬华在离开白局剧团后，心里惦记着白局，连烧菜也要哼上几句。

南京白局老艺人，马敬华："在白局剧团十年，十年以后解散时，我非常伤心。可以讲唱白局是我第二生命。到了北方以后，可以讲，我每天都忘不了白局，有事没事我都要唱上两段。有时候炒着菜，我也得哼哼白局小曲，所以我对白局特别执着。"

这些老艺术家把看家本事刻在了血液里，成了不可磨灭的印记。

非遗传承人故事化、日常化的呈现与交代，传达了创作者的理念和价值观，即非遗的价值不仅在于技艺的传承，更在于非遗和人的交流，传承人的口传心授，这是人和历史的对话，更是对中华文化的坚守与认同。

### 5.1.3 不同地域：从苏南到苏北

文化基因是每个文明特有的 DNA 密码，不同文化的基因因其地域、民俗、生存方式等而各不相同，也正是这些因素的各不相同才使得不同的文化具有其特有的生命力，在其扎根的土壤上生根发芽，开枝散叶。从基因角度分析非遗，结合地域文化和传统文化，提取其中潜在的文化基因[1]。可以把非遗看作一种传播介质，它承载着非遗项目相关的人文因素和自然因素。不同的地域文化具有一定的地域特征，但也并不是封闭和静态的。

南京图书馆作为江苏省级图书馆，需要统筹好江苏省各市县的文化工作。在南京图书馆非遗影像数据库的建设中，从非遗项目的选择上，十分重视非遗的地域分布，确保苏南、苏中、苏北均衡分布。

不同的地域有不一样的非遗。不同地方的非遗展现着地域独有的特色，将历史与文化隐藏在一项项独特的技艺之中。秦淮地区赏花灯的习俗历史沿革悠久，秦淮灯彩和秦淮灯会便是这一习俗下衍生出的地域特色浓厚的非遗项目。

同样地，非遗在地域的变化中，也展现着不同文化基因带来的不一样的魅力。戏曲因方言的不同而各具特色。评弹这一艺术形式在苏南苏北便形成两种流派，苏州评弹和扬州评弹不仅仅有方言上的差异，在表演风格上也有苏南和苏北的微妙差异。地方戏剧也是一样，江苏几乎每个地区都有各自的地方戏，无锡的锡剧（图 5.3）、苏州的昆曲（图 5.4）、扬州的扬剧（图 5.5），等等，各种戏曲依托于地方方言，形成各具特色的表演形式。《何处忆江南——江苏非物质文化遗产》系列中，这一特点十分凸显。

图 5.3　锡剧《珍珠塔》中的小王彬彬

[1]　宁吉.文化基因视野下地域性流变及活态传承探究[J].艺术研究，2019(4)：56-57.

图 5.4　昆曲　梅花奖得主沈丰英和俞玫林

图 5.5　扬剧　李政成演唱《板桥道情》

### 5.1.4　不同层级:从官方到民间

根据中华人民共和国非物质文化遗产法规定,非遗代表性项目的代表性传承人应当符合三个条件:一是熟练掌握其传承的非物质文化遗产;二是在特定领域内具有代表性,并在一定区域内具有较大影响力;三是积极开展传承活动。我国对非遗的保护实行四级保护制度,国家、省(自治区、直辖市)、市、县各级别非遗传承人的认定,都参照这一标准。非遗传承人出现了等级化现象:一是经命名与未经命名的两极化;二是经命名各级非遗传承人之间出现的四级化倾向。因此,在项目制非遗保护境况下,传承人群体最后被划分为官方与民间两个部分[1]。

经命名的官方传承人，他们享受国家给予的待遇和补助，同时也履行着传承的义务和责任；未经命名的民间传承人，凭借自发传承的责任感而坚持与坚守。不论是官方还是民间传承人，他们传承的都是中华文化最原始、最纯粹的文化和精神，不因其是官方还是民间而受到差别化待遇。

《何处忆江南——江苏非物质文化遗产》所选取的20个非遗项目均为国家级非遗项目，其中的非遗传承人有国家级、省级，还有一些民间艺人，在传承人的选择上一定程度覆盖了不同的传承人群体，但是仍然以国家级传承人为主体，来展现技艺的传承。由此，非遗影像在人物的选择上，需要一定的创新性，更多挖掘未被媒体大肆报道宣扬过的普通非遗传承人，记录其单纯而精湛的手艺和内心对非遗最真实的爱护和坚守。



## 5.2 塑造：人物形象的升华

罗伯特·麦基认为人物设计由人物塑造和人物真相这两个方面组成。人物塑造是指“所有可观察到的素质的总和，是一个使人物独一无二的综合体。外貌特征，加上行为举止、语言和手势风格、性格、年龄、智商、职业、个性、态度、价值观、住在哪儿、住得怎样，人物真相潜伏在这一面具之下”[2]。

文化传承离不开人，以人物故事从一个侧面反映了文化内涵，进而揭示它们背后所承载的深刻社会价值。非遗影像通过展示传承人的精益求精、近乎于道的高超技艺，历久弥新、矢志不渝的崇高品格，一丝不苟、专事功课的传承精神，集中反映了现当代社会非遗传承人与时代接轨，推陈出新、革故鼎新的时代形象。在传承人的身份被纪录片加以重塑的同时，传承人的记忆也在被形塑。

与戏剧性关系最紧密的就是事件和人物关系。人物关系是戏剧发展始末

---

[1] 黄龙光，杨晖.项目制保护模式下非遗传承人等级化倾向反思[J].中原文化研究，2019，7(5)：60-66.

[2] 罗伯特·麦基.故事：材质、结构、风格和银幕剧作的原理[M].周铁东，译.北京：中国电影出版社，2001：441.

的关键，而事件则是连接各个人物关系的无形纽带，建立合理的人物关系是推动整个叙事发展的先决条件，基于这个条件，再对灵魂人物塑造，方能形成完整情境。且人物关系的存在不是静态的，亦不是一成不变的，要随着事件的起承转合进行跳跃式的前进。

**1. 塑造外部形象**

每一个传承人都是纪录片的重点呈现对象，正是他们组成了非遗传承队伍的群像，这个群像既是有机统一的整体又是各具风格的个体，在不同的环境需要下扮演好非遗传承所要展现的完美形象。南京图书馆的非遗影像数据库力图勾勒出一幅个体鲜明又有统一灵魂的“非遗画卷”，随着画卷的徐徐展开，呈现出的是不同叙事下的不同人物性格构成的相同文化载体的传承形象，以增强影片的可看性和感染力。经过多年的努力，非遗影片中的传承人的人物形象多变，有手工匠人、民歌艺人、戏曲大师等等。

在《何处忆江南——江苏非物质文化遗产》系列影片中，所呈现的传承人的外部形象，与其工作内容和工作场景息息相关。这些传承人的外部形象塑造十分贴合每个人的个性与职业特征，具有极强的辨识度和认同感。惠山泥人的非遗传承人经常与泥土打交道，他们的手都是沾满泥土，指甲缝里也都黑黑的，双手皮肤粗糙，片中使用了大量的手部特写镜头来表现手工艺人的艰辛（图5.6、图 5.7）。

图 5.6 惠山泥人 传承人在印模

图 5.7　惠山“黑泥”

绣娘的手与针线打交道，往往都留着长指甲，方便勾线。所以在《苏绣》一片中，有许多绣娘的手部特写（图 5.8、图 5.9）。

图 5.8　苏绣针法

图 5.9　苏绣技艺　上绷

**2. 贴上社会标签**

2004 年 Folksonomy 一词的出现，社会化标签概念亦随之兴起，二者相伴而生。

Folksonomy 实际上就是信息交互，只是这个交互活动完全自由独立，允许用户标榜自己的个人喜好，并可以通过标签来使用和查找资源。国内学界对 Folksonomy 的解释有自由分类法、民俗分类法、大众分类法等。社会化标签允许用户对网络中自己感兴趣的资源添加标签，也允许用户自由地查看其他用户的标签[1]。社会化标签具有独立、公开等优势，吸引广大的用户参与，同时可以清楚反映出大众用户的兴趣与认知。

纪录片根据大众兴趣点和对传承人的深入了解，给每一位传承人贴上了符合身份的不同标签。这一个个标签使得非遗传承人蒙上了一层神秘的色彩，吸引了观众的收视热情。这一点是目前南京图书馆非遗影片中所欠缺的，也是今后需要努力的方向，要在传承人的塑造上花更多心思，挖掘其闪光点。

**3. 展现个性特征**

纪录片的创作者用镜头观察，用话筒倾听，用影像记忆，记录世界本来的面目，向观众介绍他们所未知的领域。在纪录片的世界里，人是主体，如何将一个平面的人物打造成一个鲜活的形象，在于每个人本身所具有的不同个性。每一位传承人都有其个性：有人淡泊名利，有人力争上游有人大隐于市，有人乐于被追捧。

《何处忆江南——江苏非物质文化遗产》系列片更倾向于对技艺本身和传承人技法、生平的叙述，鲜少有对传承人个人的评价和总结，因此相对忽略了传承人个性特征的展示。

---

[1] 白阳.基于关联标签的非遗数字资源主题发现研究[D].武汉：华中师范大学.2016.

# 第6章

# 非遗影像构建非遗立体化传承

从非遗纪录片的角度来看，它不仅要向观众传递中华传统文化之美，同时也要将非遗的视听信息、行为过程和人物特征完整地记录下来，形成一个立体化的传承状态。这就要求纪录片工作者在前期视频和音频的采集过程中用一种全息的视角对非遗的现实状态的信息进行“复制和模拟”。本章主要从视听语言层面，对非遗纪录片的声音和画面两个方面进行探讨。

## 6.1 声音：真实可感的叙述

从艺术的发展历史来看：戏剧“从表演到对白”，电影“从无声到有声”，也正是因为声音语言的加入，影视才真正成为一门完美的艺术门类。有声语言，是指影视作品中所出现一切表达情感、抒发胸臆的声音，诸如人声、音乐、音响。画面语言毕竟是有限的，但是有声语言是不受限制的。纪录片的创作者可以通过对采集的素材加以提炼、编辑、整合，创作与画面内容、主人公情感等相对应的有声语言来填充画面的不足，延伸画面的意义[1]。

在这里我们主要分析人声语言，包括第一人称的自我阐释和第三人称的解说补充。人声语言，主要是指屏幕上的人物在表达思想和情感时所发出的各种

[1] 高鑫.电视艺术学[M].北京：北京师范大学出版社，1998：55.

声音，诸如，言语、啼笑、感喟等[1]。纪录片中除了人声语言，还有很多现场声音，保证其真实客观的特征。下面从口述、解说和现场声三个方面对《何处忆江南——江苏非物质文化遗产》中的声音加以分析。

### 6.1.1 口述：传承人的自我剖析

非遗主要靠师傅的口传身授进行传承，传承人的经验、技艺与知识往往没有详细的文字记录，徒弟在接受非遗传承的过程中一般不断地模仿、学习师傅的实践操作，从而逐渐在实践中成为新的非遗传承人。非遗传承的核心就是让有价值的文明永久地流传下去，所以传承人是非遗的核心。传承人的口述不仅仅包含着非遗项目所承载的集体记忆和传承人的个体记忆，还有传承人在多年的实际操作中所形成的身体记忆，更有非遗相关的公共记忆。“通过口述史资料的分析，我们可以了解具体的民俗传承人的生活经历和传承行为的关系，更敏锐地把握现代社会的民俗变迁。”[2]在口述访谈中，为了保持非遗口头记忆的真实性，鼓励传承人使用当地方言和术语，并且反复询问细节。口述史的记录对传承人本身的记忆也是一种重新建构。口述资料的最大价值或许并不在于其保存历史的作用，而在于它所能够呈现的非遗的相关记忆的变化过程，这就需要在田野现场倾听民众的多种声音，分析其口述行为中的意义生成[3]。

纪录片中的口述并不是简单的对人物的采访，而是创作者抛出问题后，勾起人物对亲身经历的回忆与情感的带入，创作者在其中捕捉对纪录片主体相关的重要信息，并对其加以编辑加工，形成有效、有针对性的信息来构建集体记忆。口述因其平民化的特征，使得受众对该历史事件获得亲切感和身临其境的感受。口述与纪录片的结合破除了历史的厚重感和纪录片一贯官方霸权的特质，使得历史贴近现实、贴近群众。因此，纪录片用口述的方式来讲述历史、讲述个人记忆、建构集体记忆，能够展现纪录片的真实客观和真情实感，有利于建立起大多数受众的文化记忆和文化认同。以下是访谈中传承人对非遗历史的

---

[1] 高鑫.电视艺术学[M].北京：北京师范大学出版社，1998：56.
[2] 王晓葵.记忆论与民俗学[J].民俗研究，2011(2)：36.
[3] 冯骥才.传承人口述史方法论研究[M].北京：华文出版社，2016：157.

回顾和学艺经历的叙述。

《中国刺绣史》作者、高级工艺美术师孙佩玉："杨守玉先生对传统针法有很深的基础，她一直在思考一个问题，画应该是画，绣应该是绣。绣应该是表达绣的特点。在20世纪20～40年代，外来的西画比较多，她就受了素描的影响。她觉得如果把针交叉一下的话，用素描的形式来表现，是不是不完全像画而成为拟意画呢。她最早就是受唐代一幅刺绣的启发。因为唐代的辫子绣它高高地叠起，似画又不像画。所以杨先生就采取了这个思路，吸取了素描的笔触、油画的色彩、分层重叠的方法来表现那个乱针绣。"(《苏绣》)

苏州桃花坞木版年画研究会副会长王祖德："我1963年到农村调查，在猪圈里找到一块桃花坞木版年画。我一看，猪圈里面切猪食用的，挖得这么深。我那时工资只有二十九块七毛，我花了二十五块给这家人家，回苏州之后，整整一个月没有饭吃。"(《桃花坞木版年画》)

锡剧表演艺术家小王彬彬："1959年我父辈第一次进京，他们就是带了《珍珠塔》到北京演出，然后演到怀仁堂。国家领导人周恩来、刘少奇等都来观看。第二天，《人民日报》头版头条刊登，锡剧院的《珍珠塔》进京打响头一炮，他们那次的演出，应该说是很风光，轰轰烈烈。"(《锡剧》)



传承人的口述可以让观众真切了解到非遗项目的历史传承和现实意义，保证了史料的真实可靠，增强受众对历史的接受度。口述者通过语言和表情真实地还原当时的感受，讲述者在对过往的回忆中，往往会回忆起当时的情感与心理活动，他用立体三维的方式将真实和情感同时传递给受众。受众通过"面孔阅读"，读取口述者的表情和声音，来体会他们情绪的起伏变化。

在《何处忆江南——江苏非物质文化遗产》中，20部影片几乎每一部都有传承人的口述，通过他们对亲身经历的回忆，拼凑非遗的历史和传承。口传心授是非遗传承的显著特征，因此传承人的口述显得尤为重要。在采访过程中发现，非遗传承人都很重视自己所拥有的文化项目，也都十分迫切地希望其能够得到很好的保护与传承。但是他们也都表示现在的社会环境和社会结构变迁，导致非遗的传承和传播受到一定的阻碍。特别是技艺型的非遗和部分市场效益不好的技艺型非遗，传承都存在一定的问题。传承人对此也深表无奈，但对于数字化都比较接受，很多传承人都已经自行进行了数字影像记录。他们对非遗数字化的态度很简单——就是为了保存这样一个文化事项，使其能够传承下去。以下是部分访谈实录。

苏州昆剧院院长蔡少华："我们在伦敦的演出，《泰晤士报》把我们这个戏在一个月评为四星级的剧目。在整个伦敦，每天都有一百多台戏的演出。我们这台戏是评分最高的，所以这一切，一路过来，都是对我们的一种鼓励、一种感动，更坚定了我们要用我们的传承的成果，让这种人类那么精致、那么经典的艺术，让更多的人一起分享，这可能也是我们的责任。"(《昆曲》)

从访谈记录来看，传承人对于非遗的式微十分痛心，受众数量的减少、传承人的青黄不接，都是亟待解决的问题。在商业文化和主流文化侵蚀下，某些非遗项目正逐渐淡出社会的集体记忆。数字工具提供了一个文化复兴的话语空间，让非遗项目得以保留，为多样性文化保留基因。

### 6.1.2 解说：旁观者的全貌还原

解说是人声以画外音的方式对画面进行补充说明的一种手段，具有一定的客观性。它在电视艺术作品中，特别是在纪录片中被广泛运用。解说的作用不局限于精简镜头语言，更在于丰富、引申画面的意境和内涵，同时增强纪录片的文化色彩和真实可靠度。因为解说直接的交流对象是观众，所以在表达创作者的态度、愿望时，解说应随画面的景别、节奏、情绪的变化而变化。解说的语调风格，应与纪录片的内容和风格相统一[1]。纪录片的画面语言和有声语言在思想情感的表达上，有着鲜明的分工：形象的、具体的东西，交给画面语言；抽象的、理念的东西交给有声语言[2]。

**1. 补充信息**

在纪录片中，往往需要交代事件发生的时间、地点、历史沿革等画面难以详

[1] 高鑫.电视艺术学[M].北京：北京师范大学出版社，1998：61.
[2] 高鑫.电视艺术学[M].北京：北京师范大学出版社，1998：55.

细描述的内容，这时就需要有声语言将这些信息交代清楚。非遗影像记录一个或者多个故事，在人物、场景发生变化时，就需要解说来交代此时的人物标签和时间地点变化，来使得画面能够有机衔接，内容得以流畅自然地推进。

有关扬州地方戏剧的较早记载，见于清代仪征人李斗所著的《扬州画舫录》。根据书中描述，他们大概知道，在清朝中叶，扬州本地便产生了由土人自发组织的土班，演出具有扬州地方特色的戏剧，称之为本地乱弹，学者称之为花部，这就是扬剧最早的起源。(《扬剧》)

这段对扬剧的历史介绍紧跟着对扬州文化研究所所长韦明铧的采访，是对其采访内容的补充说明，以官方专业话语解释扬剧的历史沿革。

这是扬州市工艺美术大师翁文的剪纸作品《八龙戏珠》。作品以吉祥为主题，生动活泼。画面有龙、珠、云组成，祥云用细如须丝之线构成，线条疏密有致、婉转流畅，大量的留白龙须和珠光，又用细线剪成，既显示龙须之张力，又和祥云之线相协调，画面粗与细、黑与白的强烈对比，使龙跃然腾驾于祥云之上。(《扬州剪纸》)

这一段是对剪纸作品《八龙戏珠》的补充说明，画面中摄像机对《八龙戏珠》的细节拍摄得精美绝伦，画外音用优美的文字解说其精妙的手法和内涵的文化意义，相得益彰。

**2. 解释细节**

在非遗纪录片中，有些技艺的手法相对复杂，为了更好地展现其制作流程，就需要解说将其准确无误地表现出来。传承人在展现手艺时，往往全神贯注，鲜少言语，这时就需要解说对其每个制作步骤和流程加以解读，以便受众更清楚了解非遗技艺的精妙绝伦。以下是扬州漆器、苏绣中对非遗技艺的描述。

平磨螺钿漆器，是以螺钿为嵌贴材料，磨显出图像的漆器。一般从生长三五年的河蚌壳中，选择色泽纯净、明亮度好、底面较平、结构紧密坚韧的蚌壳，除去黑褐色的角质层。高档平磨螺钿漆器用夜光螺、鲍鱼贝、亮耳子等五彩螺片，去除角质层和石灰质层，磨成厚约一毫米，长约十厘米的平片，贴上分块切割的图稿，镂出轮廓，拼成图像嵌贴于漆坯，刀刻线纹、髹漆、磨显，刻槽内留下黑漆

线条，再经打磨推光，便制成黑白分明、清丽素雅、一平如镜、光可鉴人的平磨螺钿漆器。(《扬州漆器》)

将所选底料挺括地固定到木质的绷架上，称为上绷。先用羊毛针和连绑线，分别将事先裁好的两块棉布，缝制在底稿的上下两边，在底稿的左右两侧，用长度约二厘米的针脚，来回跑两遍，我们还要用绑线将底稿连接到插栓上，首先将绑线的一头固定，可以打好结挂在固定插栓的钉子上，然后穿过底稿上打好的针脚线，将绑线穿入插栓的孔中，两边都上好后，上绷架的工作就算完成了。随后还要进行钉稿，即将勾稿的纹样，固定在刺绣底料上，再经过配线，就可以开始刺绣了。传统苏绣采用的绣线，以真丝制成的花线为主，花线用天然蚕丝染成，纤维细致透明、抱合好、拉力强，便于分丝分缕。(《苏绣》)

**3. 烘托情感**

解说员的情感表达与意境烘托，能够使画面达到情景交融的效果，推动情感和精神境界的升华。非遗纪录片不是单纯刻板记录一项非遗，而是将历史意蕴和文化因子融入其中，试图引发受众对中华文化的认同与记忆。解说语言所蕴含的意境美，加上煽情的文字，将传承人的心声、传统文化的精髓传递给受众。

回溯华夏千年文明的历史长河，玉已深深融入中国传统文化和礼俗之中，大到祭祀天地鬼神，小到作为个人品性的象征，或为定情信物，或为传家之宝。纵观扬州玉雕的千年历史，审视当下扬州玉雕的现状，我们有理由相信，扬州玉雕这古老而绚丽的工艺美术之花，将在继承传统、发展创新的道路上继续成长，永葆其灿烂青春。(《扬州玉雕》)

这一段用在影片的结尾，起到了升华情感、总结全文的作用。

### 6.1.3 采访：专家的深度解读

非遗纪录片或是专题片和其他类型的纪录片一样，都要遵循真实性的拍摄原则和采访原则。部分学者对纪录片的真实性有着近乎苛刻的要求，但是在纪录片的创作过程中，不可避免地经过了人为的思考，这包含了导演对作品的认知。

采访一般有三种模式，分别是旁观式采访、半影响式采访、完全影响式采访。大多数纪录片在采访时都会采用半影响式采访，非遗纪录片也不例外。这种模式的采访会给予采访对象一定的参考性，但不会完全介入采访对象的思考。每当采访对象出现卡壳或因情绪问题中断采访时，创作团队可以在摄影机后面进行善意引导。这样采访的优点在于创作团队在开始给予引导，对采访对象的介入性较弱，在一定程度上保持了采访内容的真实性，使得采访画面更具感染力，也会让没有经验的采访对象更加自在地在摄影机前表达自身的观点。

以《何处忆江南——江苏非物质文化遗产》中《昆曲》这一影片为例，导演提示被采访者介绍一下昆曲传习所的历史沿革情况，有了这一个话题关键词，受访者依照多年经历便可对答如流。

苏州昆剧传习所所长顾笃璜："昆剧传习所是1921年成立的，1928年这一届学生毕业以后，就变成了一个剧团。剧团在抗战时期就停了。现在这个昆剧传习所称为重建。重建是1981年，在纪念昆剧传习所六十周年的时候，重建昆剧传习所。那个时候传字辈老艺人还有很多，所以连续办了十一期面向全国的学习班。以后老艺人纷纷过世了，现在我们要依靠的就是传字辈的学生们了。"(《昆曲》)

比如采访苏州昆剧院院长蔡少华时，导演请他讲一个昆曲走向世界的事件，这是一个因人而异的问题，不同受访者的回答不尽相同，这也能让受访者陷入回忆，更具有真情实感。

"特别让我感动的是在美国，我们在旧金山参加国际艺术节。我们的节目是在开幕式时演出，当时来看戏的我都印象深刻，其中有一个叫西贡小姐的音乐剧，它的一个舞美总监，也是一个大学的教授，他看完节目以后非常感动，来找我，当时他说，他出乎意料，没想到，原来我们东方有这么美的对于生活对于爱情的这种表达方式。他说，这种写意、这种诗化能带给他们无限的想象，他说这种戏曲表现的程式，可能是人类最高的表现方式。他说他们没有什么办法，把直升机都放到台上了。因为西方艺术本身,以写实为主。在美国将近一个月的巡演,所有的海外华侨、所有的美国主流媒体,都给予了充分的报道,而这样的文化关注,我们第一次感受到了文化的力量。"(《昆曲》)

从这些文字中仍然可以体会出蔡少华当时的自豪感,也能感受到他再次回忆起这次演出时,依然心潮澎湃。

在非遗影像的采访名单中,除了非遗传承人和非遗研究专家,还有政府的相关领导。从制度安排来看,政府是文化遗产保护与利用的名义主体,有责任和义务来保护文化多样性,也有权利和能力将文化遗产保护好。作为责任的主体,同时是权力和行政的主体,他们拥有绝对的话语权。因此在《何处忆江南——江苏非物质文化遗产》的纪录片中,也对文化主管部门进行了访谈。

高邮市文化局局长黄平:"在非遗保护中心,我们做的第一个工作就是设立了高邮民歌,也就是里下河民歌的传习所。这个传习所就是把高邮民歌一些相关的资料、相关的实物,以及过去活动的一些档案,都把它陈列在里面。我们想通过这个传习所,定期地举行高邮民歌表演、讲座,来进一步宣传高邮民歌。"(《高邮民歌》)

高邮市文化局局长黄平:"我们从 2008 年 4 月份开始,就在策划搞一个高邮民歌的舞台剧,音舞诗画的这么一个形式。通过一对青年男女的爱情故事,用这条主线来贯穿,把高邮民歌最典型的一些作品收录在里面,用了二十首高邮民歌。不仅表现了高邮的民歌,也表现了高邮的民俗、风土人情。"(《高邮民歌》)

文化主管部门往往会介绍一些官方的保护措施和最新的政策法规,可见非遗的主管部门对于非遗的保护和活态传承,以及非遗的数字化都持有积极的态度。

### 6.1.4 现场:物件的自然声响

真实的现场声音的收录,增强拍摄主体环境在镜头中的空间感。"远近高低各不同"的现场声音,使得画面更加真实,让观众获得体验感且如临其境。这种现场声音的运用在非遗纪录片中运用较为广泛。许多手工艺加工过程中打磨的声音、撞击的声音等都是一项非遗项目不可或缺的重要组成部分(图 6.1)。更有戏曲艺术和乐器演奏等,这些悦耳的声音正是构成非遗的主体部分(图 6.2)。

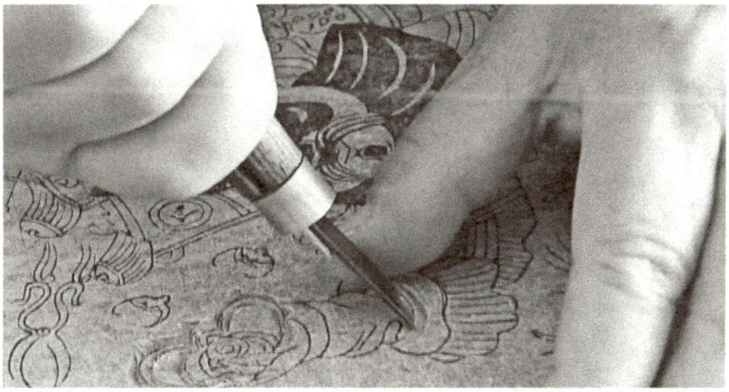

图 6.1　桃花坞木版年画　刻版

图 6.2　苏州玄妙观道教音乐　现场演奏

## 6.2　画面:视觉语言的构建

纪录片对画面的要求现如今已经不仅仅满足于信息的传达,更加注重意境、精神的传递和对美的追求。这就对纪录片画面的构图、光影、色彩、运镜等提出了更高的要求,在表达的同时,讲究视觉审美。南京图书馆的拍摄团队,不仅在拍摄器材上升级，在画面的构造上也是精心打磨，将非遗之美传递给观众。

### 6.2.1 增强意境的构图

构图即摄像机的拍摄角度，随着画面中各元素排列组合的不同，画面的质感和传递的信息也会产生变化。因此，拍摄者需要提前对拍摄主体加以了解和揣摩，以找到最佳的拍摄角度，这样才能达到最佳的拍摄效果。《何处忆江南——江苏非物质文化遗产》主要使用突出主体的构图模式，突出拍摄主体，摒弃背景中不必要的元素，以特写和交代拍摄环境的全景居多（图 6.3～图 6.5）。

图 6.3　中国剪纸博物馆门头　交代拍摄地点

图 6.4　传承人画稿　近景

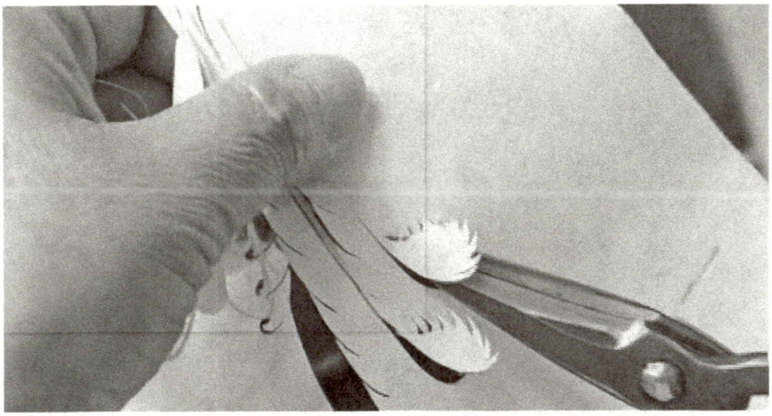

图 6.5　传承人剪纸　特写

## 6.2.2　传递情感的光影

光线和色彩的变化影响着画面的特色和氛围，不同的光影效果也呈现出不同的视觉体验，展示着不同的情感。流动的光影不仅能让受众感受到时光的流逝，也能带来情感的变化。在非遗纪录片中，光影的变化往往展示了历史的沉淀和传承的历久弥新(图 6.6～图 6.8)。

图 6.6　光晕

图 6.7　水中灯光的倒影

图 6.8　倒影的延时拍摄

# 第 7 章

# 非遗数字化的现实意义

格里尔逊对纪录片的定义是"创造性地处理现实",也就是在纪录片的创作过程中有一个关键元素就是情境设置,这种设置并不是要求拍摄对象刻意地进行表演,而是要求他们在当下的情境中做出自然的日常的反应。根据居伊·德波的情境主义理论,建构情境是根据个人愿望重新建构生活、艺术性创造生活的过程。情境是对社会陈规旧律的摒弃和对日常平庸现实的反抗,是对生活的艺术创作,以此来给受众呈现"艺术性的生活瞬间"。

非遗纪录片所包含的人文关怀,使得它在一定程度上借鉴了人类学片的拍摄方法和表现手段,其中科学真实性、直接形象性和信息完整性贯穿在非遗纪录片的基本要素之中。本章就从具象和抽象两个方面讨论非遗纪录片的人文关怀以及真实记录。

## 7.1　具象:真实的非遗现场

纪录片始终将真实放在第一位,这一原则是推动纪录片发展的原动力。随着拍摄手法和理念的更新换代,在科技文化产业飞速发展的今天,纪录片所承担的责任不再局限于单纯的记录。纪录片一贯遵循的真实原则,也不仅是客观具体的真实,而是挖掘更抽象、更深层次的真实世界。纪录片是创作者的主观化世界,它传递出来的是纪录片创作者基于个人经验和经历创作的一个影像世界，传递了其个人对生活和世界的理解以及价值观。纪录片所呈现的真实，无论是具象的还是抽象的，都一定程度地带有创作者的主观选择，创作者的介入和再创作是不可避免的，只是程度有不同。

纪录片的在场并不是哲学层面上的"在场性"，以"不隔""敞亮"和"本真"三个关键词概括纪录片的特征和要求。通过记录真实世界，挖掘现实本真，揭示事实真相的过程，这明显与纪录片不谋而合。纪实是纪录片的灵魂，在场并不简单等同于纪实。纪实是指在现实世界的时空里，对人物、事物和事件的直接呈现，来获得第一手的资料，来满足人们对真实的需求和表达[1]。

相较于客观理性的"直接电影"，"真理电影"继承了维尔托夫的传统，强调导演与受访者之间的交互，在创作者的主观参与下，展现出被访者的内心现实，反射出更为潜在的"社会真实"。"直接电影"试图抹去摄影机和创作人员的在场性，而"真理电影"不仅暴露了摄影机的在场，而且把它作为触发人物"内心真实"的关键手段[2]。这里的"在场"是一种意指，在场不局限在眼前，纪录片除了用纪实手法来表现眼见的现实之外，还应该意识到同样构成现实世界的人类的思辨、心里的诗意、真理的探索、历史的回望。虽然无法直接获得在场的影像，但是他们能够通过一些纪实影像来进行"意指"，即通过纪实影像进行生动形象的重构再现，并采用策略性的手段来进行关联性的表达[3]。

人类学片所要求的科学真实性要求了非遗纪录片在拍摄的时候需要不加改变地将非遗现场和人物记录下来，这便是"同真"。只有将非遗现场进行客观的完整再现，才能揭示出非遗所包含的文化特质和精神内涵。比如，工匠的手因为长年累月的磨损，指甲里藏满了难以洗净的污垢。此时加上对手部的特写，才能展现出匠人为将传统的工艺世代传承所付出的努力和代价。在纪录片中，有许多对手工艺匠人手部的特写，以展现他们的学艺之精、从艺之久、钻研之深。同时，对于非遗现场的记录，也要维持其原貌。这种拍摄手法不仅保证了非遗现场的完整，也与其他受到重视的国家级非遗等形成了鲜明的对比，呼

[1] 刘洁.纪录片：在场与伦理道德的紧张[J].现代传播（中国传媒大学学报），2016，38(10)：106-109.
[2] 胡南.虚构的真实：新纪录电影"真实观"探究[D].郑州：郑州大学，2016.
[3] 刘洁.纪录片：在场与伦理道德的紧张[J].现代传播.2016(10).

吁着更多的关注和支持。

## 7.2 抽象:跳出现场的"活态传承"

"保护为主、抢救第一、合理利用、传承发展"[1]是我国非遗保护工作的指导方针,随后又提出"活态传承"和"活态保护"两个理念。存续"活态传承"是非遗保护的根本目的,也是衡量非遗保护方式合理性的基本准则[2]。"活态传承"就是对非遗的一种"活态保护"。

在非遗的保护与传承中,保护主体主要是学者、艺术家、商业力量和政府等相关群体,传承主体则是艺人、匠人、表演艺术家等直接传承对象。非遗在世代相传中已经渗透到了我们生活的方方面面,在民族文化的发展中存续。在传承与保护的过程中,既要突出以人为本的原则,也要跟进时代步伐。非遗的"活态传承"既要尊重传统,又不能停滞不前甚至倒退,更要寻求创造和发展,只有发展才能给传统以生命力。

### 7.2.1 工匠的精神风骨

非遗纪录片用真实感人的故事具象地阐述了"认清明日去向,不忘昨日来处"的内涵,旨在探讨非遗乃至中华优秀传统文化在现代社会的延续和传承。非遗纪录片用中国故事、中国元素来传播中国声音,推广中华文化。非遗纪录片就是用普通人的故事来展现传承人的弧光,从而折射出中国人的民族品格,使得非遗不再单纯具有历史厚重感,更拥有了人的温情,增加了贴近现实生活的一面。从这个层面来看,非遗纪录片文化和精神价值早已超越了纪录片的商业价值,它所传达出的精神增强了受众对民族的文化自信。

非遗之"传承",传的是历史,承的是未来。纪录片中,传承者们的形象虽各

[1] 国务院办公厅.国务院办公厅关于加强我国非物质文化遗产保护工作的意见.国发办〔2005〕18号.
[2] 祁庆富.存续"活态传承"是衡量非物质文化遗产保护方式合理性的基本准则[J].中南民族大学学报(人文社会科学版),2009,29(3):1-4.

不相同，但都秉承着一个原则，即古老的传承不能在自己手中断掉。接续血脉、延续传承成为每一位非遗人的根本使命，在此基础上进而寻求扩大影响力与接受群体，与新时代齐头并进，总结来说就是两个词，坚守与突破。故事情节曲折，扣人心弦，在帷幕落地的一瞬间道尽非遗传承人的艰辛以及中国技艺的无上魅力。年轻的传承人传承祖辈流传下来的技艺，却又用创新为传统的技艺注入新的活力和生机。随着时代的发展和技术的更新换代，许多传统技艺在现代环境下失去了存在的意义，它们不再是手艺人赖以生存的技能，而在与时代的碰撞中成为当代传承人心灵的归宿和对历史的纪念。

非遗之“传承”，传的是技艺，承的是精神。该片在记录非遗技艺的同时，挖掘传承人故事中蕴藏的处世之道和民族精神。纪录片中的每一个故事遵循着“择一事，终一生”的主题。纪录片《传承》以技艺的传承为切口，在传承人的故事中、在细微之处展现这个群体或个性或共性的品格，展现中华民族精神的光辉。

### 7.2.2 受众的文化记忆

从莫里斯·哈布瓦赫的“集体记忆”(collective memory)到保罗·康纳顿的“记忆的传承”，再到扬·阿斯曼与阿莱达·阿斯曼的“文化记忆”，文化记忆成为一个理论体系。所谓文化记忆就是通过文化符号而传承下来的记忆。文化记忆的核心观点认为它是依附于固定的载体而存在的，并且一般情况下不会随着时间的流逝而发生变化。文化记忆就是我们心存的传统，它是世代相传的文本、图像和仪式的重复性积淀。

文化之根，见于民族之精神，中华优秀传统文化与中华民族精神二者休戚相关，是共同经历千年岁月洗礼积淀下来具有生命力和创造力的民族共同记忆，它记载着中华民族精神。中华民族的“文化记忆”，借助于书法绘画、诗词歌赋、戏曲说唱、武术等艺术形式，承载着中国传统文化以及中国精神。非遗便是中华优秀传统文化的外化形式之一，它记录着中华民族的过去，也承接着中华文化的未来，非遗用传承将“文化记忆”延续。

**1. 建构意义空间，确认来处**

“被记住的过去”是文化记忆的一个重要理论，就是一种对过去的证实，通过共享过去的时间空间，给受众创造出一个集体记忆。这个“过去”不是简单的过去，要从更宏观的意义上去追溯文化的起源。比如，非遗项目中存续千百年的“钻木取火”“古琴斫制”“罗盘制作”“活字印刷术”，等等。这些中华民族共同的文化，便是我们共同的文化记忆。

**2. 延续文化传统，正视自我**

从远古时代的结绳记事开始，人类就懂得借助于记忆术来代代保存集体记忆，以保证文化的延续。中华文化之所以没有发生中断和没落，是因为文字。随着时代的发展，记忆的载体逐渐发生变化，曾经的技艺传承需要口耳相传、面对面教授。非遗纪录片的出现揭开了众多隐于世的手艺的神秘面纱。《何处忆江南——江苏非物质文化遗产》中所表现出的传承人的一个个细碎的生活日常或是惊心动魄，都汇聚成了这个群体共有的精神气质，这就是一种文化记忆的现象。受众通过纪录片传递的精神内涵，获得认同感，正视自我，将自我融入群体，这是一种集体文化和集体意识的体现。

**3. 承接历史与未来，寻求出路**

在“被记住的历史”和“记忆的历史”的共同作用下，文化记忆成为人类世代相传的集体意识。文化记忆将历史与现实建构起来，给我们提供了反观自我与世界的新角度，是我们存在的根源，也是建立身份认同的原始力量之所在。大众传媒作为视觉时代的新型文化载体，主宰着文化记忆的建构与传播，是中华传统文化走向世界、耸立于世界文化之林的强力助推器。纪录片作为一种记录的载体，已经被广泛认可。在非遗纪录片中，我们认识到非遗项目的来处，看到了传承人坚守的辛苦，也看到了非遗和传承人的求新求变求稳的未来。

# 第8章

# 图书馆对非遗影像的探索和对比

## 8.1 地方特色文化专题片的探索之路

### 8.1.1 存在问题

南京图书馆影像资源建设中心虽然近年来通过不断的努力，在视频资源建设方面取得了丰硕的成果，资源建设体系逐步完备，资源的数量、种类逐步丰富，但在资源建设和开发利用过程中仍然存在着诸多问题。而这些问题并非个案，一直困扰着全国各级图书馆资源建设队伍。

**1. 资金短缺**

视频资源建设相对于其他资源的开发，所需的硬件设备较为复杂，技术力量要求较高，而且从项目的策划、前期拍摄、后期制作到存储服务，均需投入大量的人力、物力和财力，这些特点导致了视频资源建设的高成本运行，并且高品质的资源更需高成本的投入。目前，虽然公共数字文化建设国家中心给予了较多的资金支持，但图书馆视频资源建设资金短缺的问题仍然是不可回避的现实。

**2. 人才匮乏**

视频摄制需要一个多方面人才融合在一起的高效团队共同实施和完成。而如何吸引人才，培养人才，搞好团队建设，发挥团队的主观能动性，仍是图书馆视频资源建设工作中亟须解决的问题。

**3. 资源建设发展不平衡**

目前，大多图书馆资源建设工作的重任全部由省级图书馆或省级分中心来承担，各地市无论从硬件设备还是技术力量方面而言，大多达不到承担项目建设的条件，无法独立完成项目建设工作，从而影响了资源共建工作的开展，也影响到整体资源建设规划的顺利实施。

**4. 规范和标准不统一**

在目前的资源建设工作中，仍然存在技术规范和质量标准不够统一的问题。虽然共享工程国家中心颁发了视频资源建设技术规范等相关文件，但在实际的实施过程中，不同的建设团队仍会因自身条件、环境变化等因素，采用不同的标准，并且随着新设备、新技术的涌现，技术标准也在不断发展变化。而如何制定和实施统一的规范和技术标准，仍是资源建设整体规划中应该充分考虑的因素。

**5. 资源宣传和利用程度不足**

视频资源建设不同程度地存在着“重建轻用”的倾向。建设出了优秀的资源，却没能够进行充分的宣传和推送，致使资源关注度不高、利用率低下，这是很多图书馆存在的现实问题。

### 8.1.2 针对问题的解决方案

**1. 针对机制问题——政策引导，全局协调**

在政策引导方面，公共数字文化建设国家中心作为地方资源建设开展的指导机构，必须对全局进行把控，改进地方资源建设项目的申报机制。



2011 年 12 月，国家文化和旅游部下发《关于进一步加强公共数字文化建设的指导意见》，“鼓励开放合作的数字文化建设新局面，实现互利共赢。在资源建设、技术平台建设等方面，加强与教育、科研等系统数字图书馆建设项目的合作共建、互联互通；吸引群众参与数字资源建设，探索、引导社会力量参与公共数字文化建设”。高校图书馆及市县级图书馆可充分利用政策支持，发挥地方特色资源的优势，参与地方资源建设。

在全局协调方面，鼓励省与省之间的交流、省与市县级的交流，解决部分专题片成果在本区域出名但在全国缺乏影响力的问题；加强与地方专家在资源规划、立项、方案实施、成果验收等方面的积极作用，提高高校图书馆及地方研究专家的参与度，建立和完善专题片拍摄的协作制度。2015 年湖南地区申报并立项的 6 个项目，其中 3 个来自市县级地区。

在激励机制方面，明确专题片评审原则，进一步加强对专题片绩效评估，对于成果显著的专题片给予同等的物质和精神奖励，努力发挥评价体系激励作用。将获奖专题片作为文化交流项目，以成果与宣传并进，探索有利于专题片拍摄进程的新方法，新路子。

**2. 针对版权问题——版权主导，多元化模式并存**

专题片的成果及其拍摄所产生的素材，都是对文化和历史的一种记载。专题片所体现的成果会根据后期剪辑者的主观印象和审美标准产生一定的差异。所以无论是拍摄业务外包还是自主拍摄都必须确保素材及其成果的版权归属。

在未来图书馆拍摄专题片的发展中，各馆可依据馆情，引入多种模式并存的局面：

(1) 自主拍摄模式。在经费、设备、人员、政策都满足的情况下，可建立自主拍摄模式。

(2) 业务外包模式。在各方面条件都不满足的情况下，可将拍摄业务全部外包。外包拍摄时，需提前跟对方签订协议，保证成果及其素材的版权都归属图书馆，并可任意剪辑使用。在成片完成之后，需召开专家评审会议进行专业评审，专家审核通过，方能进行传播。

(3) “自主 + 外包”模式。在设备及人员缺失的情况下，可建立“自主 + 外包”的双重模式，即将拍摄任务外包给电视台或传媒公司，而剧本的创作由图书馆员独立完成，确保专题片的文化价值和史料价值。

(4) 多种模式并存。笔者认为这是未来图书馆拍摄专题片的主要趋势，通过分析题材、群众调研、市场考察等多方位的准备工作，将部分专题片进行自主拍摄，部分进行外包，部分进行“自主 + 外包”等多模式。如湖南省图书馆 2015 年推出的《老家》系列专题片，《湖南抗战老兵口述录》系列专题片等，完全由馆员独立承担所有拍摄及剪辑任务。而《湖南戏剧名家》专题片则采取了由馆员或专家撰写剧本，委托金鹰纪实频道进行拍摄，而《湖南地下党人》系列专题片则完全外包给传媒公司，并定时组织专家进行验收和做相应的后期调整。

**3. 针对内容问题——健全用户反馈机制，适应群众文化需求**

在文化专题片的传播过程中，对传播效果起着决定性作用的是影像所传达的内容与观众之间的互动。因此，我们最需要关注的是图书馆专题片通过影像这种视觉化方式所展露出的地域文化的内在精神内涵是否能与观众形成良性的互动。

不论是一个评论平台，还是一个简单的邮箱链接，关键是专题片的传播必须提供观众的反馈机制，使得观众可以将观感及细微的错误及时反馈给拍摄团队。在专题片拍摄的前期，可通过问卷调查、论坛讨论、微博话题、朋友圈点赞等各种方式，建立起多种路径和模式的群众文化需求反馈机制，获取群众的直观意见，明确群众的需求内涵。在专题片后期传播的过程中，首先，参照国内视频网站的评论模式，在专题片的播放页面开设评论页面，观众可及时提交自己的观影感受与心得，进一步了解群众的文化需求。其次，对专题片的点播率进行及时的统计，捕捉到群众对专题片题材的喜爱程度。最后，根据专题片的实时传播进度，通过类似“观影会”的活动，组织群众观看此类专题片，并进行讨论，充分了解群众的观影感受。

**4. 针对形式问题——文化与概念融合，内容与形式并进**

在互联网传播的背景下，图书馆拍摄的地方文化专题片都在面临内容与形式的双重挑战。比如，是向内容上倾斜，继续以文化内容为制作导向；还是往形式走，通过影片的形式来占领更多的播放渠道，获得群众的认可。这是图书馆在拍摄专题片时所面临的最大矛盾。



专题片的成功跟剧本的创作及镜头的运用有着必然的关系，一部好的纪录片不仅仅是内容翔实，还要有多种视觉元素的注入。在人员方面，图书馆可在学科馆员的背景下招揽具备传媒专业背景的制作人员，确保专题片形式上的专业与创新；在拍摄方面，除了注重题材的文化价值与史料价值以外，还要注重专题片的结构方式和叙事方式。

内容是专题片的本质，而形式可以深化内容，形式效果的强化可以吸引更多观众的眼球，达到与观众互动的目的；在后期剪辑方面，注重细节元素的运用，“细节”在专题片中揭示了事物的本质特征，可以深化主题思想，通过对细节的表现，能够让专题片的画面、声音、解说词都变得更有魅力。

在学习交流方面，可邀请传媒行业的专家，对制作团队进行相关的培训，更新拍摄理念，完善拍摄手段。

**5. 针对平台问题——通过移动终端平台的自媒体进行网络传播**

随着我国互联网、移动网络的高速发展，智能终端的广泛运用，人们获取视频的方式也变得更加多样化，如智能手机、平板电脑，等等，人们可以不受时空和地域的限制获取甚至拍摄视频资源。“跨平台、多终端的视频传播正在成为视频行业的常态”，这些众多的视频终端，给以地方特色文化专题片为代表的民间影像提供了更为广阔的展示平台和广泛的群众基础。

因此，专题片的播放平台不仅仅只局限于网站平台，以手机移动终端为主的自媒体工具在信息时代的背景下发展迅速，“自媒体的脚步越来越近，未来将会是一个自媒体的时代，各种有能力产生内容的人，会通过各种渠道产生有用有趣的内容，在未来一两年内，很多重要的信息，都会先在自媒体中发布”。柴静的《穹顶之下》短短几天内就通过微博、微信等自媒体平台进行了成千上万的转载。目前，国内很多图书馆都同时开通了微博、微信平台，但对专题片的相关推荐却少之又少。因此，将专题片的相关信息与链接，结合一定时期热点和时事背景，通过微信、微博等公众平台发送给关注群体，是拓展专题片平台播放系统的重要手段。如湖南省图书馆在 2015 年中秋节之际，将自主拍摄的湖南省古民居古建筑系列专题片，以《老家》专题的形式，通过微信公众平台向群众进行推广，取得良好的反响。

### 8.1.3 具体方案建议

**1. 加大资金投入——建设精品资源**

资金是资源建设工作的保障，要想建设精品资源，必须加大资金的投入，搭建高标准的软硬件平台，增加设备的种类，提高技术指标，丰富拍摄手段，以保障在资源建设中精益求精，建设出独具地域特色的高品质资源。

**2. 加强团队建设——实现共建共享**

资源建设力量分布不平衡是一直困扰资源共建共享工作的主要问题。高效的团队是完成高质量资源建设的必要条件。要突破人才这一瓶颈问题，各地市应积极争取优惠的政策，提供良好的工作环境，加大技术人才的引进力度；应以省级图书馆为地域中心，建立长效培训机制，加强团队力量的培养；同时在资源建设的过程中，适当协调各地市图书馆资源建设人员积极参与，以干代训，快速培养基层的技术力量。

**3. 完善资源建设规划——挖掘地域特色资源**

深入研究和挖掘独具地域特色的资源项目是资源建设的重点，这类资源能够明晰地反映当地社会、经济、历史、文化的鲜明特点，具有重要的社会价值。省级图书馆应该统一规划，组织协调，调动基层图书馆积极参与，在充分调查、研究和论证的基础上，制定和完善本省资源建设的长远规划，搭建资源建设框架体系，以此来指导全省资源建设工作的有序开展，开发建设具有浓厚地域特色的精品资源。

**4. 统一技术规范——加强标准化建设**

实行统一的技术规范和元数据标准化建设，是资源管理和服务中极其重要的内容。标准化的建设，有利于资源的标引、发布、管理、传递和服务。省图书馆或全国各省级图书馆或公共数字文化建设各省分中心，应根据国家图书馆或公共数字文化建设国家中心规范和标准，结合本地的实际，分解技术指标、统一标准，制定出适用于自身特点和需求的技术规范，并在全省的资源建设、管理和服务工作中贯彻执行。



**5. 加大宣传推广——提高资源利用率**

依需而建、建以为用，资源的开发和建设，一个很重要的目的是通过优质的资源向读者提供便捷高效的服务。图书馆的许多资源深藏“闺中”，缺乏有效的宣传推广，使其价值和利用效率大打折扣。我们应丰富宣传渠道，通过主题网站、移动终端、电视报刊等方式，加大宣传推广力度；同时图书馆自身作为一个重要的宣传阵地，也应充分利用其影响力，扩大受众面，更好地为读者服务。

## 8.2 公共图书馆影像资源建设转型之路的探索

电视台或传媒公司在制作文化专题片时会有意识地根据其所要表达的意图，把符合需要的地域文化进行重新切割、排列和组合，以构建完整的故事情节和审美意境。但公共图书馆在进行数字影像资源建设的过程中，由于其保护文化和历史的职责，在拍摄专题片的过程中，往往会根据史实客观地反映地域文化的本来面貌和特征，镜头背后涌现出一种强烈的保护和传承地方文化的意识，因此更加具备地方特色和史料价值。

### 8.2.1 角度——地方特色是基础

我国是一个多民族的国家，因此，图书馆更需要强调重点收藏本地的地方特色资源，形成具有地方特色的馆藏体系，保存和传承当地的文化传统，从而保证我国文化的多样性。因此，地方特色是图书馆拍摄专题片的基础。

与电视台制作专题片不同的是，图书馆拍摄专题片更加强调了区域性的特征，其剧本的创作也具有一定的区域化倾向，主要的体现就是有意识突出对这种区域文化的重视和保护，这一方面使拍摄主体在实际操作时能够游刃有余，另一方面也使得这批文化专题片能更好地保留地域文化特征。

### 8.2.2 责任——史料价值是重要保障

研究历史是了解社会发展阶段的重要途径。电视台在制作专题片时，往往会因为经济效益和对收视率的追求，选取某个历史的片段，为了情节的跌宕起伏，违背历史的真实性。图书馆，由于其本身文献资源丰富的优势，在拍摄专题片时往往会补充大量的历史文献、档案资料等，注重历史的科学性和理性，通过影像的方式让普通民众真正了解历史，让历史在社会的发展中发挥更大的作用，让人们成为真正历史记忆的传承者和守护者。

浙江图书馆历时三年拍摄的《浙江藏书楼》系列专题片，在拍摄的过程中，

"查阅大量日记、谱牒、档案卷宗、老照片等资料，走访众多研究专家，寻觅藏书楼主后人"，因具有较强的史料性而得到观众的肯定。

### 8.2.3 纪实——如何确保图书馆地方特色专题片的地方特色和史料价值

**1. 基于地域属性和文化认同的角度选取**

在地方特色文化视野中，图书馆拍摄专题片角度主要集中在两个方面：

(1) 地域属性。不同的地域拥有不同的生活方式、风土人情，这些正是构成各地之间区域文化不同的关键所在。因此专题片将地域文化作为创作对象时，需要对这种地域文化谙熟于心，才能在专题片拍摄的过程中充分展示鲜明独特的地域特色。

(2) 价值认同。地域文化的背后是一种对当地历史的传承，这种传承凝聚了当地的一种情感和价值认同，这种对地域文化的归属感和价值认同，归根结底，是一种社会记忆的传承。因此，拍摄专题片不仅仅局限于客观地表现地域文化特色，而是着眼于地域文化所象征的精神文化内涵，从而形成集体的文化认同感，达到专题片保护和传承地域文化的目的。

以湖南省图书馆的《湖南戏剧名家》专题片为例，其内容不仅涉及大家熟悉的湘剧、花鼓戏、祁剧，还把视线落在了被人们遗忘的傩戏、花灯戏等小剧种上，通过挖掘戏剧名家成名背后的故事，展现了艺术家们为湖南地方戏剧发展所做的贡献。除此之外，专题片还对民间剧团的生存现状进行关注，在梳理湖南地方戏剧文化发展脉络的同时展现了民间剧团生存的窘境，其发掘的内容能够激发世人对小剧种、小剧团的重视。

**2. 基于史料价值和学术价值的史实依据**

在史料价值的选择上，图书馆在制作专题片时往往从以下两个方面入手：

(1) 根据文献资料，客观还原历史。图书馆拍摄专题片的目的是让历史更加丰富生动，易被大众接受，因此在拍摄的过程中是以客观的史实资料来刷新人们对历史的新认知。在拍摄历史人物时，充分展示人物性格的完整性，不褒不贬；在拍摄历史事件时，充分揭示事件的复杂性，还原历史事件的本来面目；

在拍摄历史文物时，注重细节，给文物背后的历史事件和历史人物给予同样的重视，充分展现历史文物背后所隐藏的历史脉络。

(2) 走访专家，确保专题片学术价值。尽管图书馆的历史文献资料已经形成了成熟的体系，但“术业有专攻”，图书馆馆员受学科背景的限制，必然会出现对某些领域不熟悉的情况，这就需要在前期制作和后期加工的过程中，走访相关研究专家，充分尊重专家的修改建议，确保专题片的科学性和学术性。

图书馆在拍摄制作地方特色文化专题片的理念上对地方文化价值内涵的诉求变得积极和理性，记录历史的责任意识进一步强化，加上图书馆拍摄制作文化专题片形态的学术性和纪实性，决定了其对地方特色文化的负载和传承，相比其他专题片，更具文化历史的深度、厚度和广度。

我们有理由相信：图书馆通过拍摄地方特色专题片整合、传播地域特色文化，能够不断地吸收新技术、新媒体的元素，在互联网的思维模式下调整传播理念，跨界拓展核心业务，使自身焕发出绚丽的光彩。

## 8.3 国内各省级公共图书馆资源建设

目前，我国公共图书馆视频资源建设一般由省级公共图书馆或省级分中心完成，有的地市级公共图书馆由于硬件设施和技术能力相对较弱，无法单独承担视频资源项目的建设。即使是省级公共图书馆，由于各省之间的差异及各公共图书馆投入拍摄的人力、物力和财力的不同，取得的视频资源成果也各不相同。

湖南图书馆的视频资源建设起步较早，自 2008 年开始进行“口述历史”专题视频资源建设。“口述历史”作为一种搜集历史资料的途径，由访问者通过文字、声音或影像等形式对历史资料加以记录，由口述者和采访者共同完成。湖南图书馆的国民“口述历史”团队陆续开展了《寻访湖南抗战老兵》《市井记忆·长沙潮宗街》等专题视频的拍摄活动，采用自主建设方式，推出《湖南抗战老兵口述录》《老家》系列专题片等，把“口述历史”资源作为该馆视频专题片拍摄的重点工作，使视频资源建设更具特色性与时代性。同时，湖南图书馆还与社会机构联合，共同摄制完成了《湖南地下党人》《湖南戏剧名家》《一城一街》等系列专题片，在2014年度的共享工程项目中共提交专题片91集，容量6 TB。

山东省图书馆的视频资源建设经过长期不断的实践和积累，软硬件实力不断增强，完成了一批优秀的资源建设项目，包括《齐鲁民俗文化之旅》《山东地方戏揽萃》《话说鲁菜》等。山东省图书馆视频资源建设采取自主建设方式，从项目策划、前期拍摄到后期制作、包装，均自主完成，共完成了近25 000分钟的视频摄制工作，拥有所有资源的完全自主版权。

南京图书馆作为共享工程江苏省分中心的实施单位，从2007年起开始筹备摄制视频专题片，配备视频硬软件设备，组建专业摄制队伍，在视频资源建设上采用自主拍摄模式，摄制完成了《江苏省非物质文化遗产》《江苏名人故居》《江苏特色博物馆》等5部系列专题片，积累了丰富的视频拍摄经验及原生视频资源。

河北省图书馆的视频资源建设自2003年启动，依托本省特色文化资源，建成了一批具有燕赵文化特色的视频资源数据库，包括“燕赵文化名人数据库”“河北精品杂技数据库”“河北梆子数据库”“燕赵十三梅数据库”“河北地方戏曲资源数据库”等，取得了很好的社会效益。

从安徽省图书馆的《安徽古建筑》系列专题片到浙江图书馆的《浙江藏书楼》系列专题片，从湖南图书馆的《戏剧名家》系列专题片到南京图书馆的《江苏红色记忆》系列专题片，我们可以看到，图书馆在拍摄文化专题片的同时，都表明了对传统文化的态度，都是选取了独具当地特色文化价值的资源作为切入点，深入挖掘地方文化的价值内涵，做到“人无我有”的文化创意。

福建省图书馆的《闽南文化》系列专题片，侧重于对福建闽南文化中的一些文化现象进行客观系统的梳理和记录，重视地域文化背后所传达的客观事实，分民居、信仰、民俗、韵律、韵味5个篇章展示闽南文化的魅力与精髓。

# 第9章

# 南京图书馆非遗影像数据库建设

## 9.1 数字环境:对非遗的影响

技术的变革导致整体性变革。非物质文化遗产因其脆弱的生存环境和载体,容易受到变革性的影响,这种影响往往是双面的。

### 9.1.1 突围:非遗打破原生场域

在物理学中场被认为是唯一的存在方式,现实世界的本质特征就是场的特征。同样,引申至社会学领域,也存在着各种社会场,但不同于物理学中物质场,社会学的场是以信息为核心的信息场,其中最基本的便是文化信息场。在皮埃尔·布迪厄的场域理论中,场是由社会公众按照一定的逻辑关系共同建构、社会成员参与社会活动的主要场所。

非遗所赖以存续的场,包括了物理场、社会场和文化场。非物质文化遗产是在一定的地理区域及特定生产方式中孕育发生,物理场是非遗的原生场域。随着非遗生存的社会环境与社会结构的变迁,原生场域逐渐被压缩,非遗面临生存危机。在社会因素和制度引导的双重作用下,非遗突破了原生场域,逐渐派生出次生场域,以此来承接非遗的生存与发展。非遗传习所、非遗进校园等措施都实现了非遗的"移场",这也是一种扩大化的场域——由个体传承场域、社区传承场域转移到社会化的场域。但是这种移场,还是限定在一定的文化场域中。

随着数字技术的介入,非遗面临更大规模的移场。波兹曼指出,一种新媒介可能会改变整个社会的话语结构。媒介对整个社会文化的塑造具有决定性和关键性的作用。数字传播不仅专注于对非遗文化信息的传播,同时利用数字化的手段和方法赋予其特定符号和内涵。当非遗被数字化后,便可以放进数字媒介中进行传播,从限定性场域转移至数字文化场,其影响范围也从局部拓展至全球网民共享。

同时,数字技术促成的移场,带来了非遗的各种错位现象。首先是空间错位,数字技术将非遗剥离出日常情境,将物质真实转化成数字建构,将文化事项转化为符号语言,成为新的文化景观。移场的非遗被重组形成新的文化场,消解了原有的空间性和地方性。其次是时间错位,非遗是在地化、即时性的表演、制作事项。经过数字化的编码和处理,它具备了时间性的偏向,在线性、同步性、异步性的传播都成了可能,他者可以在任意时间进行观赏学习。

### 9.1.2 增能:非遗的数字赋权

赋权最早应用于20世纪中期美国的歧视主题研究,其目的是帮助弱势群体对抗不公正待遇,从而增加该群体的权利和能力。在数字媒介语境下,被称为数字赋权,指信息技术进步赋予个体、群体生存与发展的一种权利。数字化的最大优势在于可以海量存储、高速传播,用虚拟符号展示丰富的实物,并且改变人的认知、生活、生产模式。数字赋权一定程度上涵盖了技术赋权、文化赋权和传播赋权。当受众在使用数字媒介技术时,感受着参与传播过程所带来的效能感的提升,并在该过程中形成新的文化认同,形成一种"参与式传播",同时使得一些游离于主流视线之外的文化越来越多地被社会关注。

对于非遗,其数字赋权主要表现在以下三个方面:

一是提高非遗的传播力。在非遗的原生场域中,非遗的传播受到范围小、受众面窄、传统媒介等限制。数字赋权使得非遗传承人能够拥有话语权的保障,使得非遗在数字空间能够相对自由地表达和传递。

二是数字媒介赋予非遗传承人以发展力。在近些年对非遗的大力传播和宣传下，非遗的经济价值已经凸显，其文化价值随着数字、网络的传播散播至全国乃至全球，很多非遗不再只依靠国家拨款艰难度日。

三是赋予非遗所在区域的影响力。非遗不是割裂的文化产品，非遗的兴起带动的是地方经济、文化的共同繁荣，甚至将非遗项目打造成为地方的文化名片，形成文化品牌，成为地方发展的原动力。

### 9.1.3 变革：非遗的数字解构

数字技术的介入改变并影响了非遗的整体生态，包括对非遗的认知方式、表现方式、表达方式、传承方式。数字媒介带来的解构性已经成为非遗生存与发展不可忽视的特征。数字媒介改变了非遗的叙事表达模式。传统环境下，非遗是典型的时间结构叙事；数字环境下，非遗的表达具备了非线性和超链接性，可以根据受众的兴趣点和目的性对非遗事项进行有选择性的读取。数字媒介技术和终端设备也改变了受众对非遗的认知模式，营造了多元共存、时空同步、远距互动的新方式。

正是数字技术带来的可选择性观看，才导致了非遗的被忽视和选择性记忆。数字媒介作为一种传播载体，会产生一种盲视，人在采集信息时不可避免会忽略部分信息。首先，是对非遗地方感的忽视。作为地方性的非物质文化遗产是由特定人群与特定地方之间的有机互动而形成的，并养成特有的地方感，体现了地方生活传统、地方文化记忆、地方历史传说诸多层面，这也是维系文化生态的重要力量。在数字媒介中的非物质文化遗产处于一种"脱域化"的状态，使之离开原生地，造成"地方感"的迷失。数字媒介会屏蔽非遗的自然环境和社会环境，筛选与过滤掉大量的信息，从而淡化了非遗的本土意象和文化特色，但是只有文化"地方感"，才能形成"我"与"他者"的差异。其次，忽视了非遗的主体性。在数字媒介中，由于受众教育背景和主观态度原因，更多关注的是文化遗产事项的内容及表现形式，而忽视了对遗产传承人或文化现象背后的意义的关注。非遗的诸多知识是系统的、缄默的，若仅仅采用声音、视频、3D 模型、动作捕捉等数字化表现形式则难以完整反映出错综复杂的文化逻辑关系，数字化的影像虽然可以了解某种非遗的形式和内容，但是无法获取文化知识的来源，传承演化的历史进程以及它的时间性和地域性特征等内容。再次，是忽视非遗的周边信息。数字媒介具有选择性，选择所谓非遗的关键信息而忽视了遗产的相关信息，一项非遗是由一系列的周边信息积累组成——包括物理信息、文化信息、生态信息等相关信息。数字媒介对所选择的信息进行放大，而忽视其他信息内容，存在导演的主观选择，当然数字媒介要构建完全客观实在也不是不可能。最后是数字媒介信息爆炸，非遗的数字信息容易被淹没，如何在海量信息中凸显非遗，同时使受众获得有效信息，成为一大难题。

## 9.2 数据载体：非遗数据库

南京图书馆非遗影像数据库的建构意义和建构路径需借鉴“合作—参与”机制加以阐释，并尝试设计和建构江苏非遗影像数据库。江苏非遗影像数据库的构建主要是为了实现两个方面的功能：一是保存与管理江苏区域内的非物质文化遗产，为非遗的保护和管理提供决策依据；二是有效利用非遗的数字内容，通过数据系统分析整合，挖掘非遗资源中的有效资源，将文化服务、文化传承与产业利用融为一体，有利于科学研究、文化振兴。

### 9.2.1 江苏非遗影像数据库建构意义

科技日新月异，非遗的保护、传承与发展也要适应时代的发展，运用新的数字化手段提高非遗的保护水平，强化非遗教育传承效果，加大对非遗的发展和应用力度。早在2005年，国务院办公厅下发的《关于加强我国非物质文化遗产保护工作的意见》明确指出：要运用文字、图片、音像、数字化多媒体等各种方式，对非物质文化遗产进行真实、系统和全面的记录，建立档案和数据库。经过十几年的建设和发展，南京图书馆的江苏非遗影像数据库已经初具模型，但仍需有效运行以及合理建构，使其日趋完善，能够做到系统、真实、全面。

非遗数据库建构的基本意义之一就是保护，通过数字技术记录并保存非物质文化遗产。保护非遗并不是最终目的，依托网络技术实现资源共享才是趋势。2002年文化部实施“文化信息资源共享工程”就是充分利用数字技术，将传统的典型的文化信息资源，进行数字化采集、加工、处理与集成，构建文化信息数据库；建设以互联网为载体的中华优秀文化的网络中心与信息中心，通过覆盖全国的文化信息资源传输系统，实现优秀文化的数字信息在全国范围内的共建与共享。建立非遗数据库，对非遗数据加工发布，使数字资源在平台上实现各级搜索与不同权限的浏览，实现非遗资源数字形态的最大共享，而且数据的保存与传播也促进项目所有者信息、知识产权信息的公开，未来将成为促进非遗资源合法利用与共享、促进传承人权益保护的有力工具。南京图书馆就是依托于该平台多年来围绕江苏省非遗申报项目进行数据采集，形成非遗系列专题片。

### 9.2.2 “合作—参与”机制下的非遗数据库建设

非遗数据库必须依赖协同机制——文化学者、技术人员、政府机构以及非遗传承人群等主体的合力协作，方能建设有效的非遗数据库。就目前全国各地非遗数据库建设情况来看，是一种由上而下的过程，缺乏数据库建构者与使用者、官方与民间的双向互动。

非遗数字资源内容是整个非遗数据库的基础，也是数据库建设的根本。创建数据库首先要做的就是对非遗进行组织分类。非遗数据库组织架构可以从不同属性对非遗数据进行组建，即按照非遗项目的属性对非遗项目进行分类，目前常见的分类有基于项目类别、地理位置、申报批次、项目级别等几大类框架。以下从几个方面分别进行阐述。

**1. 基于项目类别**

国际上对非遗类别的划分有很多说法，本书以国家级非物质文化遗产名录进行分类，将非遗项目列为10大类。按照国家非遗名录来构建非遗数据库的组织架构，既有纵向的层级划分(国家、省、市、县4级名录)，又有横向的门类区别，同时符合受众的知识架构。

**2. 基于地理位置**

非遗的成长依托于一定的社会和地理环境，基于地理位置建构非遗数据库的逻辑能够直接查询和管理该区域的遗产数量、遗产类别,更好把握非遗的静态和动态状况。

**3. 基于申报批次**

目前国家已经申报5批次的非遗代表性名录(第五次名单已经公示),江苏也申报了5批次。在数据库检索过程中,申报批次可以与其他检索条件综合使用,例如选定省级或者国家级的某一个批次进行限定性检索。

**4. 基于项目级别**

不同级别的非物质文化遗产具有不同的历史价值、科学价值和文化价值,其濒危程度也不尽相同。因此,按照等级来划分有利于保护的合理化和科学性。目前按照国务院的非遗名录标准,分为国家、省、市、县区4级名录,加上联合国教科文组织评定的人类口头和非物质遗产代表作,可以将非遗项目级别划分为5级。江苏省有5个级别的非遗项目,因此按照5分法进行划分。

**5. 非遗数据库总体架构**

综合上述的项目类别、地理位置、申报批次、项目级别4种组织架构进行综合,形成一个相对完整的非遗数据库组织架构,针对某一项非遗的查询,可以根据项目实体所拥有的属性进行组合性检索,从而提高管理效率。

## 9.3 意义价值:非遗数字化

### 9.3.1 地方性知识传承

非物质文化遗产作为地方文化的精华与代表,非遗传承就是地方文化的传扬,保留地方意义与地方感,为全球化增添稀缺性和多样性。"文化是在不同的时代和不同地方具有各种不同的表现形式"[1],"各群体和社会借以表现其文



[1] 引自《世界文化多样性宣言》,2001年11月2日联合国教育、科学及文化组织大会第三十一届会议通过。

化的多样性”[1]，而“多样性”最终落脚在“地方性”上，一个具有文化意义的“地方”丰富了人们的生活，为人们提供了栖息的精神家园，是建立过去与未来的关联，是不可替代且弥足珍贵的，因此，必须为现在和未来的世代传承，为在地民众保留“原生性”文化的“根”。文化自生成之时便有特定区域的社会与自然的烙印，形成多元的地方文化。非遗亦是如此，正是因为每个地方都有自身的文化特色，人文社会生态、自然生态的多样性，导致每个地域都有独特的文化内核。

社会环境的变迁导致现存的地方性文化（非遗）会日益稀缺，甚至会消亡。非遗的发源地也是非遗最完整的最原始的信息集合。随着数字技术的介入，非遗事项的表达和呈现方式得到了优化，传承人群可以利用数字化技术对非遗进行数字化加工、处理、再现、解读、保存、共享和传播，可以承接和弥补传承的不足，将一些隐性知识（如肢体语言和特定场景）通过影响、图片等形式“立象以尽意”，辅助非遗知识的传承，不仅能够在当代传承，也能够代际传递下去。因此，必须将数字媒介进行本地化，赋予地方文化认同的表达，从事有意义的文化再生产。数字媒介赋予遗产地的民众（包括传承人）更多的表达权利和表达机会，使其方便参与非遗传承过程，提高其在非遗保护与传承中的话语权。由此可见，数字媒介对地方非遗的传承相当重要。

### 9.3.2 普及型教育学习

非遗法第三十四条：学校应当按照国家教育主管部门的规定，开展相关的非物质文化遗产教育。目前，江苏境内非遗进校园活动正如火如荼地展开，部分学校将非遗教育纳入常规课程。这有利于提升新生代对民族精神、智慧及活态文化的认知，也有利于民族文化记忆的挖掘、梳理、整合和延续。

非遗的普及型教育学习，从教育学习的途径和形式来看，主要分为两种。

一是学校教育学习，将非遗纳入学校教育，把非遗相关内容融入课堂与教

[1] 引自《保护和促进文化表现形式多样性公约》，2005 年 10 月第三十三届联合国教科文组织大会上通过。

材，是实现非遗教育传承的有效途径，使非遗生态区的学生能在不同程度上了解本土文化的基本内容，促使其产生对本土非遗的关怀与认同，并愿意贡献自己的力量来改善非遗的生存环境。南京图书馆在采集非遗影像时，将非遗进校园这一措施作为一个采集重点，摄制组进校园采访老师、学生，了解非遗进校园的具体实施情况，了解学习成果。

二是社会化教育学习。随着互联网的普及和数字技术的应用，学校教育已不再是获取知识的唯一渠道。受教育者不仅可以在学校获得相应的知识，更能够在网络空间、数字终端以及各种文化机构（文化馆、博物馆、图书馆等）接受教育。南京图书馆不仅在官网上自建数字资源，还在线下开设非遗公开课，邀请非遗传承人到线下给学生介绍非遗，并一起动手体验非遗的手工艺品。

### 9.3.3 影音文献的探索

近十年来，中国民族志纪录片的主要发展成就之一，就是对“影音文献”的理论界定与创作实践。南京图书馆所拍摄的非遗数字化影像虽然不属于民族志纪录片范畴，但一定程度上秉承了民族志纪录片真实记录的原则。图书馆作为传统纸质文献的集散地，随着科技的发展，影音文献应当成为当下发展的新趋势。所谓影音文献，是运用影像与声音等多媒体手段，进行活态文化的文献性记录，并通过编目进入图书馆、档案馆、博物馆或在线数据库系统，是指成为更长久保存与更为广泛传播的纪录片。影音文献侧重于对社会、文化内容的事实性记录，强调影音记录的长期性、系统性以及“深描”价值，可以作为研究社会变迁的史料性文本。与媒体纪录片所不同的是，影音文献类纪录片往往更注重文化语境与拍摄内容的真实性（当时、当地、无干预、排练与搬演等），特别是文化持有者的主位观点，同时强调对拍摄对象的影像“深描”，即系统性、多层次、细节丰富地刻画其文化特征与内在结构、组织方式。

影音文献式民族志纪录片在体系上大致可分为官方文化机构典藏类、学术机构收藏类以及民间机构存续类等类型。2010 年以来，由中国文化和旅游部各部门与事业单位牵头组织实施影音文献纪录片典藏序列的创作和收藏工程，成为民族志纪录片发展壮大的重要阵地。其中，中国节日影像志、中国史诗影像志以及国家级非遗代表性传承人记录工程等大型影音文献项目，发挥了重要的纲领性示范作用。

其中，对南京图书馆江苏非遗影像数据库具有重要参考价值的项目是始于2015年的“国家级非物质文化遗产代表性传承人抢救性记录工作”，“抢救性记录工作要采用数字多媒体等现代信息技术手段，全面、真实、系统地记录代表性传承人掌握的非物质文化遗产丰富知识和精湛技艺”。学术性是其中的一个核心指标，要求其成果为“口述片”、“项目实践片”、传承教学片、综述片等多类型的纪录片。这种影音文献的模式是对现有数据库学术性的一个很好的补充。

# 附录

## 《何处忆江南——江苏非物质文化遗产》脚本节选

### 高 邮 民 歌

高邮民歌柔软似水，野味芳馨，活泼俏皮，有一种活泼泼的婉转、爽滋滋的甜美。它融合里下河地区的农耕文化、宗教文化、水文化、鸭文化、渔文化等多种文化，是江淮东部农业、鸭业、渔业等多种经济形态及生产活动的资料库。它源源不断地把闪烁着民间智慧和道德光辉的民族文化元素吸纳其中，以表达人民群众是非善恶的思想光华，成为民间优秀传统文化的载体。它扎根在乡风民俗中，包含了水乡生产、生活方面，长期形成的风尚礼节、乡俗习惯、家庭伦理等内容，民俗色彩浓厚，是里下河水乡飘荡的风俗画。音乐学者曾经说过，音乐是一种文化，因为音节中体现了文化，文化中包含了音乐，而在某种意义上来说，音乐体现的是一种情感，而这种情感是多元的，作曲家通过乐谱写内心的情感，听众通过音乐抒发情感。

高邮民歌演唱内容反映面很广，有活泼欢快、生动诙谐的生活小调，也有自娱自乐的人生放歌，有歌唱恋爱相思、表达男女情爱、追求个性解放的谣曲，也有传授人生处世经验与生活知识，涉及与农事、节气、时辰、哲理等内容，包含劝诫、劝教、劝学等性质的歌谣。其中反映日常生活的民歌数量最多。根据体裁分号子、小调、情歌、风俗歌。高邮民歌表现形式多样，既有一领众和和对歌的形式，也有间插对白、间白的问答，曲调曲目可谓丰富繁多。高邮民歌广为流传的曲调有串十字、二八佳人、攀花郎、麒麟调、叠断桥、花猫子、格当子、黄黄子、五句半、七子唱、倒扳桨、打工调等。高邮民歌中影响最广泛、占突出地位的是劳动号子。在各类号子中，栽秧与车水号子尤为突出，除了具有一般号子节奏性强的特点外，还具有小调的抒情性、歌唱性的特点。号子主要有鸭蛋号子、打工号子、搬运号子、车水号子、渔号子、船工号子、挑担号子、夯号子、拉犁号子、薅草号子、拾草号子等这些劳动号子，使水乡劳动场景，荡漾在历史的记忆中，让唱它听它的后人，能够在脑中再现当年居民劳动的片段。它反映了里下河地区俏丽灵敏、泼辣诙谐的民风，折射出特定地理环境下高邮人民自由开放的思想心态，在我国东部沿海民歌区域内非常独特，具有较大社会学、人类学研究价值。

## 惠山泥人

大阿福其基本造型是一个健康、丰满的胖娃娃。身穿五福梅花袄，怀抱金毛大青狮，面容安详，含笑不露，敦厚朴实，稳重端庄。中国工艺美术大师王木东先生，曾画过一幅惠山大阿福的造型衍生图，指出大阿福的形象是从唐代惠山寺石经幢之高浮雕结伽趺座佛像及宋代惠山寺金莲桥之浅浮雕牡丹童子图案中衍生而来的。大阿福的头部造型与之十分相似。早期的惠山泥人以儿童玩具为主，如车老虎、大花猫、大阿福等，统称为耍货，多用模制，即先做好原型，从头到足通体一气呵成，其中以表现人物的头部为主，然后翻成模子，等模子晾干后，还要用火烧一下，即可进入大量生产的印模过程。此时一团泥，只需经艺人在单片模上一按，一个形象生动的泥人就出现了。假如是两片以上的模子，须将泥按模的大小做成泥片，然后进行印制，印制完成，将泥人的前半片、后半片进行镶合和装底工作，在底上戳个小洞，使泥人在阴干收缩时，不致受到内部空气影响而变形，脱模后必须在两边缝处进行修整，后再阴干、修理，然后进行上彩和开相。早期的小型玩具多为单片模制成，这时的泥人造型夸张、线条简拙，整体丰硕稚胖。彩绘大多采用大红、大绿、云青、金黄等最强烈的原色，作为底色或作为对比，乡土气息十分浓厚。

惠山泥人在浓重的无锡民间文化氛围中发展起来，成为一种民俗风情的重要载体。惠山的泥塑艺人，生活在社会的底层，许多思想情感与民众息息相通，因此所创作的作品，都反映了民众精神生活的需求，大都赋予迎祥纳福、避邪消灾的寓意。如结婚一般要送和合二仙、麒麟送子等，祝寿要送寿星、王母，造房子要送三星高照，过年要送五路财神、大阿福等，开店要送一本万利、财神、渔翁得利、招财进宝，在养蚕季节要送蚕猫回家，放在蚕室里，作为镇鼠之物。到开春，农民要买件春牛回去讨吉利，因牛身上绘有青黄两色，而青黄两色正是象征着庄稼的苗壮叶茂，预示着来年的丰收，因此成为春节里销路最好的产品之一。

## 江南丝竹

有人认为江南文化具有闲适性，而江南人具有温和持中、勤而不俭、善于享受的特点，一切都是和谐自适，充实安定而富足，故而表现出的是，从容悠闲和平静。江南丝竹就是在这样的自然和人文背景的沐浴滋润下脱颖而出的。在江南丝竹音乐节奏的温和匀中所包含的，正是江南人在富裕自信与满足中所透出的悠闲平和与恬适。它以四五件丝竹乐器的巧妙配合，同一母体衍生出诸多曲目的丰富多彩及旋律风格的优雅轻柔，随性而至地演绎着江南水乡的湖光山色和平民大众对民俗生活种种亲切而细腻的感受，并顺理成章地融入江南文化的巨流之中，成为这一地域文化在音乐方面的一个典型代表。所以有人用小、轻、细、雅四个字来概括江南丝竹的音乐特色。所谓小是指乐队组织和乐曲结构大多是小型的；轻是指音乐情趣侧重于轻快典雅；细是指演奏风格上的精致细腻；雅则是指曲调优美秀雅、柔和清澈。这样的概括，最早是在20世纪60年代初由著名演奏家金祖扎先生提出的。后来高厚永教授对此作了进一步的理论化阐述，小中见大，小大由之，轻不失重，轻重相宜，细中透宏，宏细有致，雅中含俗，雅俗共赏。乔建中先生在为《江南丝竹音乐大成》代序时，则是将江南丝竹概括为精致、柔婉、轻快、典雅。一曲丝竹心已醉，梦听余音夜不寐，其中奥秘谁得知，仙乐霓裳人间回。

我们知道了江南丝竹中江南的寓意，那么这丝竹又代表了什么呢？丝竹一词，早在先秦的典籍中就已出现。《礼记·乐记》中有这样的记载："德者，性之端也，乐者，德之华也，金石丝竹，乐之器也。"丝和竹是我国古代八音乐器，分类法中的其中两种，丝泛指弦乐器，因为古代的弦线多是用丝制成的；竹则是管乐器，因为古代管乐器多是用竹制成的。而当丝和竹结合起来，组成的合奏音乐，就被称为丝竹乐。

一般说来，江南丝竹的乐器，没有特定数量的限制，乐队组合灵活多变，根据不同乐曲表现的需要和当地音乐资源的客观条件，组合成富有地域性音乐色彩的小型乐队。多至七八件乐器，也可少至两三件。江南丝竹所采用的乐器，主要有笛子、箫、笙、二胡、中胡、提琴、琵琶、阮、三弦、扬琴、秦琴和板、板鼓、碰铃等。演奏中各种乐器的演奏者，根据乐曲的表现意图、音乐的整体效果，发挥乐器的技巧特点，突出主要乐器，体现个人演奏风格，主要突出二胡和笛子，其他乐器灵活自如地，相互对比烘托、默契协调，获得独特的韵味。在民间，流传着一些顺口溜，形象地描述了江南丝竹各种乐器的个性和特征：糯胡琴、细琵琶、脆笛子、暗扬琴，十里听到凤凰箫，五里传出三弦声。二胡一条线，笛子打打点，箫进箫又出，琵琶筛筛边，双清当板压，扬琴一捧烟。

## 昆　曲

昆曲历来有明确的角色行当体系，到折子戏时期，昆曲行当有了更加严格细致的区分。在生旦净末丑 5 个总行当之下，一共细分出了 20 多个细行当。例如生，就可以细分为大官生、小官生、巾生、穷生，等等。行当的细分，为演员表演剧中人物的性格特征提供了更大的空间，也促使演员的表演技艺日益精妙。昆曲的念白虽然以中州韵等为主，但有时也会故意加入各地方言，使得生活气息浓厚。至于丑角，有时会使用一种基于吴方言的地方白夹杂市井语言，以快板式念出，很有特色。昆剧的传统化妆分为两大类，即生旦的化妆和净丑的化妆。生旦的化妆一般用来表现肤色白净、面貌俊秀的人，所以称为俊扮。俊扮以外的化妆都称为丑扮，又称涂面化妆，特点是用色彩将演员面部涂上规定式样的夸张图案，也就是人们常说的画脸谱。

虚拟化的表演手法和程式化的动作是昆曲典型的表演方式，例如折扇，根据人物身份和性格，就有多种使用形式，包括文扇胸、武扇腰、丑扇肚、媒扇肩之类。而演员借助水袖表演的不同招式，可以细致入微地表达自己的情绪，创造不同的意境。因此，使用水袖的技巧，是演员需要刻苦练习的基本功。昆曲表演的所有程式，都统一在歌舞的节奏之下，正如俞振飞先生所说，昆曲一上台就得连唱带做、载歌载舞。在唱的时候，不仅要注意吐字行腔，就是手眼身步，也得与演唱的一字一腔紧密配合，达到高度的和谐。

数百年间，昆曲在全国各地广为流传，繁衍出许多分支，主要有南方的浙江昆曲、安徽昆曲、江西昆曲、湖南昆曲、云南昆曲、四川昆曲和北方的山西昆曲和北京昆曲。各地的昆曲与当地的文化、艺术高度融合，形成我国昆曲事业百花争艳的局面。1921 年 8 月，一所培养昆曲演员的新型科班，在苏州城北桃花坞西大营门的五亩园创立，这就是在昆曲史上意义重大的昆剧传习所。40 多个少年走进苏州昆曲传习所的大门，在昆曲最为衰落的时期，他们用毕生心力守护着昆曲的一脉香火。他们艺名的第二字，都是“传”字，所以被称为传字辈。如今活跃在各大昆剧院团的演员，都是传字辈艺人的学生，或是学生们的传人。

1956 年，当昆曲濒临灭绝时，周传瑛、王传淞等率杭州国风昆苏剧团，进京演出了昆曲《十五贯》，受到中央领导的重视。此后，全国许多剧团都开始移植演出《十五贯》。昆曲开始从小众走向大众。1956 年以来，文化部和各地政府，先后组织了一系列昆曲会演、昆剧艺术节等大型演出活动，对昆曲的繁荣起到了很大的促进作用。1994 年，苏州市艺术学校昆曲表演专业设立，至今培养了 200 多位昆曲表演人才，包括中国戏剧梅花奖得主、《牡丹亭》主角沈丰英和俞玖林。2001 年 5 月 18 日，中国昆曲被联合国教科文组织列入首批人类口头和非物质遗产代表作名录。2003 年中国昆曲博物馆在苏州建立。博物馆采取陈列、展演、保存、利用、研究、传承多项并举的办馆方针，为昆曲的保护研究提供了固定的场所。近十年来，各地昆剧院团多次赴日本、新加坡、美国和欧洲各国以及我国香港、台湾地区访问演出。《长生殿》《桃花扇》《牡丹亭》《西厢记》等一批重新编排的经典剧目和一批新创剧目在国内外特别是各地著名大学演出，有效地扩大了昆曲艺术的影响。

# 南京白局

南京白局说唱的表演方式与现代快节奏的城市生活相合拍，传统的音乐伴奏、表演者生动的唱念做打的演出方式，与网络流行的南京话版饶舌 rap《挤公交》演唱风格十分相似。

南京白局唱新闻，能把当时社会上发生的重大事件及时地反映出来。旧时云锦工人终日劳作不能活动，为了排遣郁闷便一唱一和，用土语说唱身边发生的新闻故事。这种说唱新闻的方式具有传播快、通俗易懂、时效性强的优点。流传至今的新闻八大段包括《抢官米》《倒城墙》《倒文德桥》《打议员》《火烧小东门》《三打横溪桥》《鸦片烟自叹》《鬼瞧病》等。

这些新闻段子切中时弊，影响深远，成了白局所特有的曲目。它对当时社会上发生的重大事件反映及时，加之音乐简洁、语言诙谐生动，所以深受南京老百姓的喜爱。这些新闻唱段大多是用曲牌、数板唱出。数板差不多成了新闻段子的专用曲牌，因此又被称为新闻腔。新闻腔由上下句组成，前面的引子是八板，后面全由数板唱出。而南京白局正是以数板为古腔本调的，尽管其结构简单，但正符合了唱新闻所要求的通俗易懂、简便易学的特点。

白局的曲调也就是曲牌，是流行于江苏的明清俗曲、江南小调加上当地的民歌等发展形成的曲牌，在说唱音乐类别中，南京白局属于牌子曲类，即将许多曲牌连缀起来说唱，由曲头曲尾加上中间的曲牌组成。白局素有百曲之称，可见其曲牌之丰富。主要曲牌有《满江红》《穿心调》《银纽丝》《梳妆台》《剪剪花》等。唱词也受到曲牌格律的制约，川十字、七字、五字、三字相混的词格，唱词讲究押韵合辙。白局这一说唱艺术，以其四、五、六、七字的数板，五、七字的滚板，及金舵、迴龙、莲花基调，奠定了曲种身首，以其通俗流畅、生动形象并注重发音的方言构成曲种形貌，以其敲碟撞盅的碎点穿插在唱腔板眼之中。

早期的演唱形式，台中间放一张八仙桌，铺上白绒毯，桌上放一对花瓶并插上时令鲜花，放上一只铜香炉点上檀香，乐队、演员可围桌而坐。演唱者自击鼓板，乐队在旁帮腔。最早期只有两把二胡伴奏，后来逐渐加进了琵琶、月琴、小三弦、笛、箫每样各一，还用小碟、酒盅击打节奏。演唱者自击鼓板或碟盘，简便大方。

南京白局的剧目很丰富，有反映中华人民共和国成立前云锦工人生活的机房苦，有介绍金陵古都名胜的金陵四十八景，有反映中华人民共和国成立后社会新风尚的毛老头配茶壶盖，有表现改革开放后富裕起来的人们改编居住条件的告别小平房，有表现海外游子少小离家老大回、乡音无改鬓毛衰、眷念故乡的报菜名等。

2003年南京市民俗博物馆举办了民间艺术节，白局艺人又聚集在一起，并创作演出了反映城市变化的白局曲目：告别小平房。此举反响强烈，各大媒体均予报道，纷纷呼吁抢救白局迫在眉睫。秦淮区文化局不负众望，邀集了白局理论研究者与演员，于2003年夏成立了南京白局研究会，收集整理白局唱段，组织白局演出。南京甘熙故居是南京地区有代表性的清代住宅建筑群，所存建筑均为砖木结构，左右两组各为五进，俗称九十九间半，实则在百间以上。南京白局老艺人每逢周六，在此进行白局演出、教学。当游客坐在甘家大院的庭院中，沏一壶南京的雨花茶，听一曲南京白局、南京方言说唱，感到特别地亲切。南京白局被誉为最有特色的南京地方剧种，南京话的活标本。南京白局是南京方言精髓的体现，对保存研究南京方言甚至古汉语的一些发音，具有极大的价值。南京白局是南京人民现实生活图景的真实形象再现，它的曲目中，保留了大量民俗民情的内容，对南京地区的历史文化、人文景观及民俗学的研究，都具有一定的参考价值。

# 苏 绣

水乡江南，用她明媚秀丽的自然风光、千年传承的吴越文化、生生不息的农耕文明孕育出苏州园林的小巧玲珑、水乡古镇的枕河人家、才子佳人的动人传说、吴歌评弹的曲折婉转、桃花坞年画的巧夺天工。江南美景亦诗亦画，水乡情思如歌如诉。有着东方明珠美誉的苏绣，正是江南水乡传承千年、历久弥新的一朵奇葩。

沈寿是清末民初著名的仿真绣的创始人。沈寿的传世杰作有意大利皇帝像和意大利皇后像、美国女优倍克像等。这些作品是沈寿采用他们夫妻合作的仿真刺绣法创作的精品。仿真绣借鉴日本的美术表现手法和西洋画的阴暗光线处理，使绣品的画面更加富有立体感，再现了大千世界的真实风貌，开创了苏绣的新纪元。沈寿精心绣制的另一幅杰作是《耶稣像》，表现了耶稣受难的瞬间。此时沈寿的刺绣技艺，已达炉火纯青的境地。作品在 1915 年美国旧金山的万国博览会上荣获一等奖。沈寿不仅刺绣技艺高超，还长期从事刺绣教育工作。她口述完成的《雪宧绣谱》一书，是她 40 年艺术实践的结晶。此书共分 8 章，从线与色的运用、刺绣的要点到艺人应有的品德修养等，都有比较完整的阐述，是我国第一部系统总结苏绣艺术经验的专著。

苏绣技艺在长期的发展中，不断总结与完善，形成了严谨科学的工艺流程和技艺理论体系，同时又根据表达内容，在材料、工具与针法上不拘成法，灵活运用，具有严密性和灵活性相融合的特征。苏州刺绣的工艺流程大约包括 10 个基本项目，从创作绣稿开始，分为两路，汇合于钉稿，最后通过配线、刺绣和装裱，成为成品。绣稿是由设计人员根据刺绣的特点创作的画稿，也可以选择画家现成的作品作为绣稿。创作绣稿和选择绣稿都要求其便于充分发挥刺绣材质和技术的特点，使绣品达到美于原画的更高境界。描稿，是由设计人员将画稿的块面、轮廓以白描线条的形式落稿。勾稿，是将描稿的纹样，勾于半透明玻璃纸上，把勾稿上的图样轮廓复制在绣面上的过程，也称勾绷。为满足特定绣品的个性要求，有时还要进行染线，即根据画稿的色彩需要，将白丝线染色。现在不少刺绣者出于成本考虑，已省略了这项传统工序。根据画稿内容的需要，而选择刺绣面料，称为选底料。苏绣艺术品的底料，主要为真丝类织物，具有薄、透、滑等特点，能更好地表现出画面的气质。

例如，苏州刺绣研究所绣制的金鱼屏，选有深绿色的绡作底料，利用绡的轻薄透明，增加了锦鳞游泳的艺术情趣。作品在 1984 年荣获第 56 届波兹南国际博览会金质奖。将所选底料挺括地固定到木质的绷架上，称为上绷。先用羊毛针和连绑线，分别将事先裁好的两块棉布，缝制在底稿的上下两边，在底稿的左右两侧，用长度约二厘米的针脚，来回跑两遍，还要用绑线将底稿连接到插栓上，首先将绑线的一头固定，可以打好结挂在固定插栓的钉子上，然后穿过底稿上打好的针脚线，将绑线穿入插栓的孔中，两边都上好后，上绷架的工作就算完成了。随后还要进行钉稿，即将勾稿的纹样，固定在刺绣底料上，再经过配线，就可以开始刺绣了。传统苏绣采用的绣线，以真丝制成的花线为主，花线用天然蚕丝染成，纤维细致透明、抱合好、拉力强，便于分丝分缕。苏绣中还有人发、珍珠、金银丝等制成的特殊绣线。配线，就是根据绣稿内容和色彩的需要，配制各色绣线，就像绘画前要调好颜料一样。

苏绣是一门博大精深的艺术，而体现它的关键，除了绣法就是用线。为了达到镶色和顺的效果，一种色彩往往要选出多种色级，例如一朵牡丹花，虽然同是使用红色线，但要配上从深到浅 10 多级色级的线，才能完美地表现出色彩中极细微的差别。目前，苏绣的色线约有 1 000 种，而其中每一种色彩，一般都有 30 多个色级，也许仅仅这一点，就说明了苏绣的精细和极高的工艺水平。分线，又叫劈线，是将绣线分细的过程。一根花线的二分之一粗成为一绒，十二分之一粗称为一丝。花线劈丝的粗细，应该根据绣制作品的需要而灵活掌握。一般说绣花线分得越细，绣制过程就越烦琐费时，绣品也就越细腻，往往价值就越高。刺绣是一种长时间坐着操作的安静的劳动，又是一种艺术性的劳动。通常一件 30 厘米规格的绣品，要用半个月的时间来完成。因此对刺绣者的要求是非常严格的。好的刺绣者，不仅要具备较高的艺术修养，还要懂得一些画理，同时还要有一丝不苟的劳动态度和刻苦钻研的精神。苏州刺绣所用的针，主要有三种：一种是常用的 12 号钢针，这种针身细如羊毛，因此也称作羊毛针。另一种是钢丝绣花针，针身短而细，适于绣制双面绣。还有一种是细而长的9号针，针尾细、针孔大，易于穿线，常作为乱针绣和单面绣的用针。苏绣的针法多达40多种，比较常见的有齐针、套针、抢针、乱针、施针、接针、滚针、擞和针、打籽针等，变化无穷，各具特色。如表现国画中的晕色效果，多采用套针，让丝线在套接时不露出针脚，自然晕色过渡。晕色时的色差非常小，套接非常细，常用三四种不同的同类色线，或邻近色相配套绣出晕染自如的色彩效果。同时在表现物象时善留水路，即在物象的深浅变化中，空留一线，使之层次分明，花样轮廓齐整。因此，过去人们在评价苏绣作品的针法特点时，往往以“平齐、细密、匀顺、和光”8个字来加以概括。绣制多毛的动物，则可以以乱针为主，根据毛丝变化的规律掌握丝理，用相互交错、长短不一的针脚来绣制。乱针绣不是一次完成的，要用稀疏的针脚来回绣几遍，每一遍都要跟前一遍的针脚交错进行，这样看起来会更加真实。装裱是最后一道工序，可以增加绣品的寿命，更好地体现绣品精美典雅的艺术价值。用于刺绣欣赏品的装裱材料，有镜框、托架等，以及和传统书画装裱类似的材料，如宣纸、绢、绫边、轴管等，所使用的工具，也和传统书画装裱相近。这里以单面绣的传统装裱为例，装裱用的纸，采用优质的安徽宣纸，依次采用喷水、上浆、铺纸、赶平、上墙等工序，待绣件自然干燥后，再取下，重复前面的工序，一般要四次以上，同时还要用绫、绢织物镶边，最后装到玻璃框架中，才算全部完成。

从功能上分，苏绣有刺绣实用品和刺绣欣赏品两大品类。刺绣实用品主要有三类：一是服饰、寝具、荷包、扇袋、桌椅围披等小件绣品；二是刺绣戏衣行头；三是外销出口的苏绣衣衫。刺绣欣赏品，又称刺绣艺术品，在类型上，可分为图案绣类、书画绣类、摄影绣类等，而从题材上又可以分为花鸟、风景山水、人物等科目。苏绣发展至今，艺术品的生产已成为主要品类，各种题材皆可入绣，几乎可称无画不能绣。这里我们主要介绍欣赏品，禽鸟是苏绣的传统选题。绣禽鸟，多与花木合绣，相互映衬。要绣好禽鸟，首先要把握好各种禽鸟的体形、姿态和习性、羽毛的生长规律以及光线色彩的明暗深浅，然后再循序绣制。对于细绣来说，其绣法通常是这样的，先绣尾巴，其次绣身段上的翎羽，再次绣下面的毛片，再绣颈毛和头毛。但也有从脚爪绣起的，绣时要分清上下层次，从下层逐步绣到上层，针法通常用散套，先用铺针绣底绒，再分别用长短不齐、略带斜形的线条施绣毛羽，也可以铺针和施针并行，绣底绒的线要粗淡些，绣毛羽的线则须细深一些，这样就可以达到仿真的效果了。白孔雀的绣稿由徐绍青等设计、叶文庭等刺绣，绣者运用一色白线，十余个不同色级的滚针、接针、施针等针法，表现层层覆盖的毛片，特别是毛丝的衔接与弯曲之处，产生丝绒特有的自然折射的光泽感和节奏感，呈现了明暗强弱的不同光泽。孔雀的眼睛，更用线条极短的滚针按螺旋丝理绣，使其目光闪烁有神。整个绣面光洁匀称，生动活泼，宛如一只光彩夺目、羽片丰润的活孔雀，亭亭玉立于峻秀的红崖上，全身放射出白色的光辉，高雅而文静。猫也是苏绣的传统题材，清道光年间就有耄耋延年的绣品，寓意长寿。绣猫的针法，有施针、散套、集套、接针、滚针、鸡毛针等。绣好猫的关键，是准确掌握猫身的中心线，和各个部位的局部中心线。中心线是猫的形态的中心轴，也是毛丝按一定方向的顺序，自然撒开的分界线。著名画猫专家曹克家与刺绣设计家盛景云合作，在画法上采用破笔施毛、层层加色的笔墨方法，在刺绣针法上采用由浅至深、根据丝理分层加绣的施毛技法，使绣猫的技艺发生了一个飞跃。在刺绣技巧上，也从施针绣发展到散套针打底，再在上面用小乱针分层加色，线条互相交叉，使色彩活而不乱，既发挥了散套针丝理转折的特点，又表现了乱针法灵活自然的丝毛质感。特别是小猫的眼睛，改进了以往运用的集套针法，而采用多层加色的施针绣，使圆溜溜的眼睛，可以随着丝光而回动，十分传神。1972 年苏绣设计师周爱珍，以油画形式设计了双面绣金鱼地屏画稿，经李娥瑛采用透明深绿色尼龙绡底料刺绣，参加全国工艺美术展后，被故宫博物院作为现代苏绣名作收藏。绣稿采用中西合璧的形式设计，既具有油画讲究色、光的优点，又兼收国画留空的优点，饶有情趣。艺人们用六七种针法刺绣，特别是从鱼身绣到鱼尾，线条越来越细，排针越来越稀。用乱针法绣的水草，放针自由、线条活泼，绣出了水草随波漂动的摇曳感。肖像绣是 20 世纪苏绣艺坛出现的新颖刺绣品，也是刺绣中难度最大的作品。肖像一般是以真人的摄影或绘画为绣稿，不仅要神形兼备，而且神态、表情要因人而异，要绣得逼真，惟妙惟肖，是艺术与技术高品位的统一。风景画品类繁多，而无论是彩墨画、油画、粉画，甚至是照片，也不论是写意还是写实之作，艺人们都能独运匠心，创作出美妙的绣品。在绣制莫奈的《睡莲》时，艺人们运用了长短交叉的大乱针法、三角形交叉的小乱针法、点彩针法，以及讲究丝理转折的散套针法等各种针法与技巧处理。

## 苏州甪直水乡妇女服饰

吴东地区，位于美丽富饶的太湖流域，物产丰富，历史悠久，文化底蕴丰厚，形成了淳朴而温雅的民风，知书达理、长幼有序、纲常礼节等传统的伦理道德，都一一体现在这里独特的服饰文化上。妇女服饰因年龄的不同，而有比较严格的规制。不同年龄的妇女对衣服的长短、肥瘦的比例、色彩的变化、装饰的繁简、纽带的多寡，都有不同的要求。同时随着季节的变化，服饰也有明显的差别，分为春秋季服饰、夏季服饰和冬季服饰三类。此外还有水乡妇女礼仪服饰，主要分为婚礼服和寿衣两类。

年轻女子的服饰种类复杂，款式变化多，色彩艳丽丰富，做工图案精致，面料也是当时当地最好的。每位年轻女性，都有数套八件套的服饰。白色裥裙是年轻姑娘的最爱，除了爱美的因素之外，也是年轻女性重要的家当与陪嫁，还可以从服装的配色和做工来判断女子女红水平的高低，由此形成了自成一体的水乡风尚。中年妇女的装束则清雅一些，素色的包头毛巾，头上梳扎着彩绳的发髻，发髻上竖插银荷花板，横插银簪。老年妇女的服饰以庄重为要，服饰的色彩偏于单一、灰暗，装饰少，图案少而简单，偶尔点缀些极少的亮色，主要集中在圣襻上，这一点在包头上最为明显，服饰色彩以深蓝、黑和白色为主。水乡妇女的服饰也非常讲究穿着的场合，比如节日集会、婚嫁等不同场合，妇女的穿着打扮是不同的。婚嫁是妇女一生中最重要的日子，当然要把自己打扮得红红火火。婚嫁服饰非常系统，大体包括嫁妆、迎亲服饰和回门服饰三大系列。水乡妇女服饰是劳动人民的服饰，洁净素雅，色彩明丽，具有吴文化的鲜明特色。吴东人将水乡妇女服饰的特点概括为花、显、俏、巧 4 点。水乡妇女通过巧缝妙绣，把日常服饰装扮得花和显的同时，也在大自然中，突显出自己的巧和俏来。水乡妇女从头到脚的穿戴，无不讲究整齐均衡和对称的形式美。发髻和包头上的三角图纹相映成趣，显得美丽而端庄。拼接衫整体看去，色彩鲜明，形式别致，襡裙、束腰扎在腰间，流苏拖挂下来随步态晃动，极为婀娜多姿。水乡妇女服饰制作时在用料、剪裁、缝纫、装饰等方面都极具讲究。拼接、绲边、纽襻、带饰和绣花等设计与工艺的巧妙应用，堪称一绝。而色彩上的组合也不拘一格，多运用对比、衬托、交错的手法，以达到服饰花哨、显眼的艺术效果。一般一套水乡服饰的主体色，是各种纯度不同、明度不同的蓝色，加之黑白等无彩色，点缀以面积不大且跳跃的红、绿等色。蓝青、月白、桃红等色彩的运用高妙，具有很好的视觉效果，能突出人在大自然中的俏丽倩影，尤其是白色的运用，使色彩淡里有俏、俏中有艳，凸显了水乡妇女婀娜多姿、妩媚动人的形象。水乡妇女传统服饰是由里外八件套作为基本构件的。从头到脚包括包头、大襟拼接衫、百裥襡裙、穿腰、束腰、百衲绣花鞋、花布肚兜、小腿卷膀、衩裆花裤。棱角分明的包头是乡村妇女传统服饰的典型标志。过去在乡村，无论是天真无邪的少女、端庄纯朴的少妇，还是花甲老妇，头上都戴有包头。相传是吴王阖闾出外游玩时，看到采莲妇女为防止日晒雨淋，将荷叶包在头上，别有风情。回宫后就命人加以模仿，用花布做成包头，宫女戴上果然更添妩媚。吴东地区妇女的包头，最初是由一块长方形的单色布制成，后来则发展为用单色或者碎花的棉布制作。整块布从两侧兜过去，在后面扎牢，两只尖尖的角叠在脑后，呈剪刀状，如同燕子的尾翼一般，人们称之为燕子尾。包头拖角尖而长，气势大，有舒展感，行走时有一定的飘逸感。包头呈三角形，一般以一种颜色为主，两端镶以蓝布或白布。如果从蓝布或白布再往边角，镶一小块布，这就是三角拼布。

这里水乡妇女很重视愿摄头的梳理和装饰，愿摄头也叫髻髻头或盘盘头。妇女们在乌黑的头发、硕大的发髻、众多的饰品之外，再辅以精美的包头和服饰，显示出自己的心灵手巧和端庄秀美。愿摄头是一种将头发挽成椭圆形发髻的发式，它必须梳得致密紧凑、纹丝不乱。发髻梳好后，再用簪花插上。簪花有真花也有假花，假花多用丝绸绢纱制成，而真花则是一年四季不同。包头时，发髻是露在外面的，发髻和饰物，既是年岁、婚否的标志，也是花哨和持重的说明。最能体现水乡人智慧的是拼接衫的创造发明。妇女在劳作时，肩挑手忙，衣服的肩部、肘部和袖口等部位，最易破损，经过巧手的缝补、拼接，旧衣成了新衣，虽非一色却十分美观。经过一代代人的努力实践，便产生了被称为掼肩头的拼接衫。即使是新衣，也常常加以拼接美化。拼接衫不需整料，零星布料也可拼制，同样的材料，手巧手拙效果大不相同，从而逐步形成了一种裁剪缝制技艺。紧身适体的大襟拼接衫，用料为普通的棉织碎花布，款式为大襟、纽襻、细袖，特色是掼肩和接袖，即缝制新衣时肩部、袖部和正身，用三种不同色泽的布料拼接而成。左右襟两色各异，左系大致以腰节线为界，仍然上下两色相异，也可破缝后左右两襟仍用一色。横者，几乎在腰节线处，作一水平线破缝，上下两色相异。掼肩和接袖的构思是别出心裁的。最初也许是布料大小不凑的原因，或是考虑增加肩膀、袖子的耐磨程度，于是便用不同图案及花纹的布料，拼接在肩头、衣袖，结果反而产生了意想不到的效果。此后即便是新衣裳，也采用这种拼接方式了。大襟拼接衫的做法，有偏襟和挖襟两种。偏襟至腋下，领下有一颗横形步扣，肩部有一颗直形步扣，腋下有三颗横形步扣，袖口特别小，要握成拳头才能穿上。这是因为袖口大了，劳动起来不方便，容易拖泥带水，灰尘、谷物容易钻进袖子。拼接衫是考虑到农作时要挑担、掼稻、割麦等，肩部和手肘最易破损，就将整个肩部和袖子换成新布，而布衫都可以继续使用，省工省料。衣襟贴身，小袖灵巧，这样的搭配更能衬托出水乡女子婀娜苗条的身材，经济实惠又美观。花布胸兜用一尺见方的菱形花布或单色布做成，将其上角裁去，剪成月牙形。上有套在头上的环带，左右有系在背上的布带，结构简便、质朴自然、凉爽透气、动感柔和。胸兜上刺绣花卉图案，边缘用花布贴边，领边的布纽襻或银饰纽襻，与绒线带、布带或银链条相连，腰处的两角钉花布系带，绕在背后打结系牢。百裥裼裙用普通单色棉布做成，高度齐腰，下摆离膝半尺左右，由两大块内片裙片构成，前后开叠衩，四周配缝色泽不同的绲边，用裙带系束。百裥裼裙，说是百裥并不夸张，裥量大而且细密，三寸见方，左右各一，用丝或棉线固定成 100～110 个顺风栀子百裥。百裥裼裙的裙裥特别考究，腰两侧的图案精致，裥面绣上简单纹样，或工整对称的几何图形。折裥处运用灵活的迂回针法，密密实实。裼裙的左右腰各有一条长两尺、宽三寸左右的系裙带。裙的设计很实用，下摆较大，不影响行动，方便农忙和日常生活。束腰长一尺，另加腰，腰宽两寸，多半用两种颜色的布，裁成三块拼接而成，中间是一色，两边是共同的另一色，四周则饰以单色或花色绲边，下摆略呈弧形。束腰最讲究的是腰部，其腰部特别硬挺，俗称束腰板或穿腰。束腰板的两端缝上，用绒线编织的带有流苏的束腰带，束带两头的流苏，与包头上的两个流苏相映衬，从身后看既有上下呼应之平衡感，又有活泼可爱之动感。束腰可以保护裙子，并弥补裙子没有口袋的缺陷。衩裆花裤是大裤腰、细裤管，用单色或碎花的棉布缝制，也有前裤片与后裤片双色拼构成的式样。裤裆与裤管之间的拼接有两种，一是用本色布拼裆；二是用蓝、黑等异色布拼裆。另外裤管在膝盖以下位置，有时也有上下拼接。小腿卷膀是裹在小腿上的胫衣，形似绑腿。小腿卷膀分夹和棉两种，用素色棉布缝制，异色布绲细镶边。长度从小腿肚至踝骨以上，上下钉布带缚于腿肚，下部用棉布相拼，做成上宽下窄，略成倒梯形的样式。百衲绣花鞋是水乡女子赶集，或走亲访友时穿的一种鞋子。百衲不是指鞋底，而是指鞋帮底部四周扎衲的，各种巧妙的集合图案可以增加鞋帮的牢固程度。绣花鞋鞋帮由两块合成，鞋底用较粗的棉线或麻线衲制，可谓千针百衲。鞋面上绣有剪纸型图案，五彩缤纷。鞋后跟上方钉有一块半寸见方的双层绣花小布，用来帮助穿鞋时拔鞋跟。吴东地区乡村妇女，并没有缠足的习俗，现存的绣花鞋式样，有扳趾头和猪拱头两种。日常穿猪拱头鞋，扳趾头是礼仪鞋。百衲绣花鞋不分左右，便于劳动，穿脱方便。水乡妇女服饰的绣花纹样，种类繁多，主要针法是缉绣、辫绣、拉锁子和直针绣等 4 种，选用的绣花纹样有芙蓉、荷花、蝙蝠和鱼等动植物 20 多种。最有代表性的是鞋的绣饰，这些绣饰有取其谐音、寓意美好、表露出人们祈求幸福生活的愿望。

甪直水乡妇女服饰历史悠久、世代相传、相因承袭、传承性很强。明显区别于其他汉族地区的平民服饰，具有独特的、风格鲜明的地域特征，是实用性和艺术性的巧妙结合，具有十分珍贵的艺术价值。其原料、色彩的搭配，加工手艺的选用，独特的式样和制作技艺，穿戴使用的习俗，在汉民族服饰中极为罕见，是中华服饰文化中的宝贵遗产。水乡的服饰已经超越了最初的意义，演变成一种民俗文化。水乡妇女服饰的制作，一般通过两种方式传承：一种是裁缝师傅授徒传承，一种是家人之间的传帮带。现在从事水乡妇女服饰剪裁的老裁缝，大多年岁偏高，专业的更是极少数。吴东地区的老年农妇，多数比较熟悉传统妇女服饰，基本上能凭借记忆，独立完成这种地域性极强的服饰的裁剪、缝制，但同样面临后继无人的问题。甪直水乡妇女服饰的保护与传承，成为一个不容忽视的重要课题，摆在人们面前。2005年的深秋，吴东水乡妇女服饰馆落户在沈宅。甪直水乡妇女服饰，在吴地民俗文化中占有重要地位，显示出吴地人民非凡的创造才能，和令人感动的对美的追求。

## 苏州评弹

评弹是评话和弹词的合称，评话只说不唱，专说英雄豪杰、历史演义、国家大事，因此俗称大书。通常一人表演，讲究说、噱、口技、起角色，还借助醒木、折扇、手帕等道具来制造气氛，演示神、形，弹词有说有唱，专说才子佳人、传奇故事、人情世态等生活常事，故俗称小书，通常为二人合作的双档，操三弦、琵琶自弹自唱，讲究配合默契，注重情感抒发。苏州评弹的主要表现手段，一般概括为说、噱、弹、唱，说表为主，弹唱为辅。噱则是笑料、戏谑，是苏州评弹的精粹。说表好比国画中的线条，弹唱当然是敷色，噱起提精神的作用。艺谚有“噱乃书中之宝”“一噱遮百丑”之说，噱在演出本上未必十分好笑，但经演员表演就风趣幽默得很，这就是演员的本领。苏州评弹，用非常纯正的苏州方言说唱，评弹艺术家们对评弹语言，也就是吴语文学做出了杰出的创造，将苏州话的韵致和魅力发挥到极致。说书人吸收了大量鲜活的生活语言，小街细巷、深深庭院、茶馆酒楼、闹市码头，各种人物口头说着鲜活独特的吴语方言。吴方言所特具的幽默、轻松、微妙、传情，各种比喻、俏皮话、歇后语、双关语，都被评弹艺人运用得出神入化。艺术家们熟悉这些语言的特殊的意蕴与丰富的表现力，组成说书的六白，即表白、官白、私白、咕白、衬白、托白，它们融合成评弹叙述语言与角色语言。

可见评弹的语言叙述系统是灵活多变的，有各种不同的叙述视角。苏州评话和苏州弹词，大都从说书人的角度，向听众叙述故事，有时又化身为书中角色，在角色与说书人之间跳进跳出，即所谓一人多角。凭演员的一张嘴，运用苏州评弹特有的六白、做功、八技、弹唱等手段来交代情节、塑造人物。评弹最能深入人心，因为评弹最通人性，最富人情，人文内涵十分丰富。评弹艺术家以自己的悟性，去体验和想象书中人物的心理，他真正懂得人、真正懂得人的心理，懂得怎样的书、怎样的表演能抓住听众、打动听众。所谓书中五诀，理、味、趣、细、技，是苏州评弹长期以来形成的美学特征。而其中的细，可以说是评弹与生俱来的最大特色。

评弹的流派唱腔代代有创新，一代又一代艺人呕心沥血、孜孜以求、自创新调。至今陈调、俞调、马调、魏调、蒋调、薛调、张调、琴调、丽调、周调、夏调、徐调、杨调、严调、齐调、侯调、姚调、香香调、小飞调等 20 余种流派唱腔，依然传唱书坛、脍炙人口。这些流派唱腔，有的飘逸缠绵、刚柔并济、抒情色彩浓郁，例如蒋月泉创立的蒋调；有的挺拔刚劲、激越深沉，例如杨振雄创立的雄调；有的咬字遒劲、音节铿锵、气势磅礴、跌宕起伏，例如徐丽仙创立的丽调；有的苍劲挺拔、感情充沛，火爆中又见深沉，例如张鉴庭创立的张调。还有行腔自由灵活、字多腔少，长于叙事与描摹人物心情，适于表现风趣、逗噱的内容，例如姚荫梅创立的梅调。总之风格迥异、多姿多彩，像苏州评弹那样，有影响的流派唱腔之众多，在各种地方曲艺与戏曲中，并不多见。不断创新的评弹艺术，创造了丰富多彩的评弹音乐资源，各具风格的评弹流派唱腔，都有着共同特点，优美、儒雅、婉转、沉静，像江南曲水清流，顺畅又轻游慢转，纯净又韵味悠长，也像江南的水，令人亲切、亲和，有抒情韵和人情味。它吸收了昆曲、苏滩吴歌、江南民间小调的江南音乐资源，以一种独具一格的叙述音乐声腔系统，形成富有魅力的江南水乡音乐，在中国的音乐系统中，显示出独特的地位。

弹词的主打乐器，只有所谓七弦，就是上手的三弦和下手的琵琶。评话演出道具简单，有醒木、绢头、扇子。评弹就是这样，用它的声情并茂，用它的匠心独具，用它的教化感召，完全融入了江南水乡人的家庭生活，融入了他们的精神世界。这为评弹在长三角的全面流行奠定了十分牢固的基础。吴中一地，文风向来兴盛，明清两朝，中国先后出了 202 名状元，其中有 35 名是苏州人。无论是苏州园林、昆曲茶道，还是诞生在苏州的评弹，都被深深地刻上了文人的烙印。评弹起于瓦肆，但是它的文化底蕴、艺术渊源深厚悠长。它有苏州文人雅士诗文的滋润，有一批文人参与创作，有《三言两拍》《海上花列传》等吴语通俗小说的艺术经验，有昆曲滩戏的示范，有江南丝竹的借鉴，有民间山歌小调的灵感，更蕴含江南清流曲水的灵魂。“吴头楚尾水乡情，江左文采出评弹”，海外用这样的诗句，称赞苏州评弹，确实道出了评弹的江南文化底蕴。评弹艺人说书，都有一种韵律感，高低徐疾、抑扬顿挫，甚至带有旋律性，像唱歌，加上艺人特殊的风格性很强的音色、声调，就生产一种磁力，能把听众的耳朵和注意力牢牢地吸住。这种评弹表演鲜明的音乐性，是它区别于其他评书的本质特征。苏州评弹的唱词是诗赞体，七字句居多，其格律直接继承七言古诗，讲究精练、形象、抒情，评弹的许多弹词文字优美、韵律和谐，无论是叙事绘景还是抒情议论，都能曲尽其妙，有很高的的文学价值。

雅俗共赏是苏州评弹得以代代相传的主要原因。明清两代，苏州文人雅士的文化美学追求引领着当时的时代潮流，决定了无论昆曲、亭园、绘画、书法、刺绣、织锦种种工艺，无不以雅与细，为其艺术追求的目标。评弹本是民间通俗艺术，江南城乡茶馆、街头大小广场，随处都有说书先生在弹唱故事。说书先生都来自市民社会，他们熟悉市民生活、习俗、心理、语言，从而以贴切的语言讲述《三笑》《珍珠塔》《白蛇传》《玉蜻蜓》等通俗故事，意在消遣娱乐。而苏州评弹面对的江南听客，不同于其他地域的，虽然听客大多是市井小民，但是他们生存在吴地，受到吴文化的熏陶，受到种种艺术感染，他们其实不俗，他们欣赏雅趣，欣赏丝丝入扣的细致，而摒弃书品粗俗庸俗，创作者与听客共同引导着苏州评弹向雅致的方向发展。评弹的雅是优雅、文雅，是俗中见雅。评弹的俗是大众化，是群众喜闻乐见的表现方法。“至若弹词文字，其雅处近诗，俚处似谚。”评弹的雅，还表现在演员表演得落落大方、气度不凡，令人望而生敬。红学家周汝昌先生对评弹曾有独特的见解，一个女演员安安详详地坐在观众面前，抱着一面琵琶自弹自唱，没有或很少动作，一派端庄凝重，无有丝毫轻浮矜躁之气，身态大大方方，纹丝不动，手势纤指灵通、脆腕活妙，娴熟之极如不经意、信手挥送、韵致自生，这是中华民族高超的艺术文化素养的一种表现。苏州评弹书目丰富，传世的传统长篇书有 100 多部，评话有《三国》《英烈》《岳传》《水浒》《七侠五义》

《血滴子》《西汉》《东汉》《封神榜》《隋唐》《西游记》《绿牡丹》等50多部。弹词有《珍珠塔》《玉蜻蜓》《三笑》《落金扇》《描金凤》《双金锭》《大红袍》《西厢记》《白蛇传》《倭袍》《顾鼎臣》《杨乃武》等70多部，还有《老杨与小杨》《刘胡兰》《老子折子孝子》《大脚皇后》《孙庞斗智》等一大批中篇及《车厢一角》《风雨桃花洲》等短篇数十篇。广为传唱的开篇则有《杜十娘》《莺莺操琴》《宫怨》《新木兰辞》等100多首。从二十世纪八九十年代，作为中国文化传统的代表之一，苏州评弹跨出了吴语区，走出国门，在欧洲、北美、日本以及我国香港和台湾地区都留下了身影。现在苏州已经拥有苏州市评弹团、常熟市评弹团、苏州评弹研究会、苏州评弹博物馆、苏州评弹学校、苏州评弹收藏鉴赏学会、苏州大学非物质文化遗产研究所等一批评弹演出、教育机构，为评弹的传承和保护发挥着关键的作用。悠扬的琵琶三弦之声穿过花窗，翻过粉墙，在苏州的大街小巷中回荡。在城市的喧闹中，人们听到一片宁静。评弹如同一只漂流不息的水乡的船，一处处地峰回路转，一程程地柳暗花明，而勇往直前，义无反顾，因为它承载着苏州人对传统精华的无比珍惜，对善与爱的深情向往，对美的执着追求。

## 苏州玄妙观道教音乐

正是在一代代道士的辛勤努力下，苏州道教音乐才渐渐臻于精美，走进了艺术的殿堂，获得姑苏仙乐的美誉。元代以后，中国道教的流派如百川归海，融入了全真和正一两派。全真派追求个人的修身养性，其音乐最明显的特点是统一和稳定。而正一派以斋醮和符箓见长，为了配合这些活动，正一派的道乐广泛吸收民间音乐和地方语言，不断变化发展，形成自己绚丽多姿的特色。苏州道教属于正一派，即天师道。正一派以老子为教主，以道为最高信仰，以符箓驱鬼、治病、降福为主要手段，以追求长生不死、羽化成仙为最高境界。正一派道士有文班和武班两类。苏州道士素以文班著称，而文班又以擅长道教音乐而扬名。其艺术体系的形成受惠于南唐、南宋的宫廷艺术。在演奏时注重转承结合的运用，通常以唱念展开，乐器笛、鼓、弦在伴奏中起主要作用。唱腔中句与句之间，以曲调型的伴奏或鼓段加以连接，使之层次分明。曲调纯清、低沉、缓慢，形成柔中带刚、刚中含柔的风格，基本上保持了古代宫廷音乐的特色。正一派科仪音乐中，富含民间音乐的成分，它不仅在音律上兼容了吴语地区的民歌民乐和地方语言，而且在唱奏这些道曲时，也采用了民间最普遍的说唱表演、戏曲表演等形式。在吴文化的滋润下，其音乐成分更具地方音韵，形成了强烈而鲜明的吴地音乐特色。苏州道教习法者大多是本地人，在赞、颂、偈等行腔中，操吴语方言，并采用苏州民歌韵调，是苏州道教音乐的一大特点，称为苏州腔。

在苏州道乐中，能写能唱的道士称为法师，能吹、弹、打的则称为音和。对于以文班著称的苏州道士来说，掌握精妙的演奏技艺至关重要。一般来说，只有在演唱和演奏方面具有高水平，才有资格担任法事中的高功、都讲和乐班中的鼓手、司笛等较高的职务。因此道士们大多从小就刻苦练习演奏技艺，并努力掌握多种乐器和演唱技能，这是他们安身立命的根本。苏州道士演奏技艺的精湛、音响的和谐优美，完全达到了专业水平。苏州道教音乐包括器乐和声乐两大部分。器乐只要有笛曲、鼓段，以及由两者连缀而成的套曲；声乐为道教的经韵，有旋律的为韵腔，包括赞、颂、偈、诰、咒、符等诸种形式。笛曲是整个器乐演奏的主导，在套头吹打中是必不可少的。在曹谱中辑录的笛曲，有钧天妙乐的 42 首，古韵成规有《滚绣球》等 27 首，辑成套曲 4 套，霓裳雅韵有《梧桐月》等 27 首，还有在曹谱以外的《迎仙客》等流行笛曲数十首。可见笛曲在苏州道教音乐中的分量。鼓段在器乐演奏和韵腔吟诵中，具有控制、调节和掌握节奏、气氛的作用。有慢鼓段、中鼓段、快鼓段和发擂等。道乐演奏所使用的传统乐器分为三类。一类是拉弹类，最主要的乐器是两根弦的古提琴，三根弦的曲弦和四根弦的双清。这三件就是被称为二三四的、苏州道乐特有的古典民族乐器。道乐演奏所使用的第二类传统乐器，是吹奏类乐器，包括曲笛、笙、箫和海螺，此外还有传统的打击类乐器，包括同鼓、单皮鼓、手鼓、磬子、钲子、大小翁钹、铙钹、钖锣、云锣、木鱼、引磬、铃主、金钟、玉磬和绰板，近代又增加了大小唢呐，以及二胡、南方板胡、中胡、琵琶、秦琴、阮等弦乐器。演奏方式有坐奏、行乐，坐奏时道士分别坐在道场两旁的方桌周围，桌称音和台。而行乐时，除击鼓者外，皆手持乐器站起，随法师及唱念道士的串花队伍边行边奏。

《碧桃花》可以作为苏州道教音乐的代表作，它由多首笛曲和中、快两个鼓段组合而成，属于散套曲，是苏州道教音乐中用堂鼓演奏鼓段的经典曲目之一。古观夜雨洗轻尘，郁色丛中轻烟痕，玄妙道人今何在，碧桃花开气长存。乐曲描绘了玄妙观香烟缭绕、碧桃花开的意境，表达了道教徒对清静无为的追求和对神仙境界的向往。苏州道教音乐，在器乐艺术方面独创鼓艺，鼓韵变化繁多，除有慢中快三种鼓段外，还有几十种鼓牌，以及散折、快慢折、夹折等多种敲法，在古典乐器的运用上，发挥得淋漓尽致。苏州鼓师大多自幼就刻苦训练鼓技，因此著名鼓师多出自江南，如号称苏南鼓王的毛仲青、周祖馥等。道士使用的鼓有两种，一种是同鼓，高木框、中间略宽的桶型，两端蒙以牛皮，槌用红木制成。演奏时空悬在木制的三脚架上，用双槌敲击。同鼓奏法宜于作音色上的各种对比变化，运用腕力，能以点签、满签、滚签、轻击、重击、击鼓心、击鼓边等方式突出音色、音调、节奏的变化多端，达到快如暴风骤雨、慢如泉水叮咚、重如雷霆万钧、轻如喁喁细语的艺术效果。这一曲《碧桃花》所表演的鼓段，美妙地表达了这样一种意境。道士常用的鼓，还有一种是京剧中必用的板鼓。在苏州道乐演奏中，同鼓与板鼓多由一人兼奏。板鼓的形状如同厚木框，仅一面蒙猪皮，因此又名单皮鼓。击鼓的双槌用藤条制成，奏时将鼓悬于木制或竹制的三脚架上。板鼓宜于作快速激烈的炫技性演奏。苏州道教音乐的声乐，就是道教的经韵吟唱，在苏州道教的早功课、晚功课、全功、斋天、忏悔等成套科仪中运用。道士做法事时的吟唱方式有多种，一种是咏唱式，这是韵腔中旋律最美、唱腔最多的部分，一般在吟唱赞、偈、颂时使用，赞是对于圣人的歌颂性唱词，有歌颂三清的普供养和斗姥赞、王母赞、太乙赞、三宝赞等 20 余种。颂是在迎送第一级诸神时的献词，有天师颂、云舆颂、符官颂、送圣颂等 20 余种，咏唱时有伴奏。而偈则是对于供物的颂词，有香偈、水偈、甘露偈、三召偈、五苦偈等十余种。二是诵念式，音律音调固定，节拍规范，一字一音，不断反复，例如用于召神遣将的符、驱鬼降魔的咒，有玉清符、开天符、化坛卷帘符和净天地咒、金光神咒、熏坛咒等。此外还有旋律比较简练似念似唱的诰，用于诸神对于世人的训诫或告示，以及无韵腔的经韵，如表、喝等。上述的这些器乐演奏和韵腔，大多有以传统工尺谱记谱的谱本，做法事时照此进行，这也是苏州道教音乐，这一天籁之音得以千载传承，而其核心艺术依然得以保存的原因之一。

道教科仪是指道教徒按照规定的程式、仪范举行各种宗教活动。道教的仪式，除了日常的早晚功课，还有大型的功德法事，统称为斋醮。在法事中除了乐器，还要借助其他一些醮坛法器来完成斋醮活动。这些法器有幢、幡、朝板、如意、玉印、玉册、宝剑、令箭、令旗、令牌、天蓬尺、净水盅、镇坛木等。

主持醮坛法事的道士是法师，法师除能够演奏吹打、演唱经韵外，还应擅长诗词，有一定的文字功力，还要能写符作画，例如撮米成图的技能。斋醮科仪包含的内容很多，主要有设坛、上供、焚香、升坛、画符、念咒、鸣鼓、发炉、降神、迎驾、表章、诵经、赞颂、青词、步虚，等等。根据法事内容的需要而演奏不同的规定乐曲，从而为醮坛营造相应的氛围。苏州道教音乐，以斋醮音乐最为丰富多彩，在法事活动中起着连缀情节、表达情绪的关键作用，同时可以很好地渲染道场的气氛，例如召神遣将的声势磅礴、镇邪压魔的剑拔弩张，以及表达清静无为、神仙缥缈等清虚意境。斋醮科仪及其音乐大致可以归纳为修道、祈禳、开度三类，每一类都有独特的风格。修道科仪是道士自我修炼的日常仪式，例如启请告歇科仪，是道观内每天必行的早晚功课，又称课诵、早晚坛。课诵音乐整体为曲牌连缀体的抒咏性韵腔。法事活动中经咒的吟念和法器的演奏交织成章，完全融为一体，引人入胜。除科仪外，还有平安道场、收妖捉怪、做功德、祈晴求雨、驱灾灭虫、降温壮畜、祈福避灾、春祈秋报、太平醮等法事。这些法事都有较为丰富的经韵与乐曲伴奏。道士们在供香、踏步、串坛、朝拜中，虽有种种科仪的规范，但主醮法师在许多动作中带有灵活性。一会儿快速旋转，引吭高歌，一会儿漫步轻云，低吟婉转。这就需要伴奏者以装饰音、加花、加速来协调动作，达到身随形起、形随声动的和谐效果。补罡踏斗是斋醮科仪时礼拜星宿、召遣神灵的一种动作。路罡调是道教特有的曲牌，主要用于配合步罡踏斗、洒净绕坛等动作。因此该类音乐性格较刚强，节奏鲜明。通过路罡调与步罡踏斗的配合演出，我们可以更清楚地看到苏州道教音乐与法事活动相得益彰的依存关系。步罡踏斗的步伐，成为禹步，传说是模仿大禹腿部受伤后跛行的姿态，禹步之法，先举左足，一跪一步、一前一后、一阴一阳，初与终同步，置足横直、步如丁字，以像阴阳之会，形成三步九迹。路罡调中部的节奏形态，为法师的步罡踏斗提供了特殊的动作需要，该节奏刚好对应步罡中的三步九迹。前三个小节，每一小节跨一步，共三步，再加上第四小节三拍，共九拍，使得音乐和法师的动作珠联璧合。

飞钹表演，俗称丢齐钹，于明朝永乐年间发源于苏州的玄妙观，距今已有近七百年的历史，是具有苏州地方特色的一项道教绝技，也是中国道教音乐的组成部分。飞钹表演曾在湖北武当山、江苏茅山和江西龙虎山等道教圣地广泛流传，现在只能在苏州欣赏到了。飞钹表演多在午坛，穿插于发符、召神遣将时表演。它融技巧、音乐、信仰于一体，具有较高的欣赏和研究价值。飞钹表演时伴奏的乐器有三弦、古提琴、鱼板、大锣、月锣、星锣、长招军等。飞钹表演者在台上表演时，道乐队则根据其动作特点，演奏相应的音乐，表达相应的情绪，互相呼应，从而达到声形兼备、动静结合的完美境界。飞钹表演在法事中的主要功能有三点：第一是避邪，使人不入邪门，不入病疫之灾，逢凶化吉；第二是娱神，希望能使召唤下来的天将、神仙欢乐，并为我所用；第三是加强法师作法时的强烈气氛和吸引信众。飞钹套路复杂，并有危险性，练习十分艰难，一般要从儿时学起。而由于今天学龄儿童必须入学，不可能花很多时间来学艺，因此面临后继乏人的困难。

飞钹表演分为上套和下套两组动作，每个动作都有相应的名称。上半套用两只或四只特制的钹，用棉布袋系住，即所谓棉带钹。表演节目有开四门、提花篮、翻钹口、绕钹口、顶手指、镇坛、桩头、双避邪、绕头劲等。下半套用四只或六只钹，不系带，表演节目有下水塔、幢宝塔、元宝锥、飞钹等。全套动作有 20 多种，时间长达 15 分钟。

## 桃花坞木版年画

苏州年画生产的主要地点，清代前期在桃花坞和虎丘山塘街一带，以后则主要集中在桃花坞。桃花坞的年画精于刻版，山塘街的年画则长于笔墨绘制。据顾禄《铜桥依棹录》记载，山塘花铺异于城内桃花坞、北寺前等处，大幅小帧俱以笔描，非若桃坞寺前之多用印版也，所绘有天官、三星、人物故事以及山水、花草、翎毛，而画美人为尤工耳。这段话概括了早期苏州桃花坞和山塘街一带年画的发展情况。年画的销售，主要集中于农历腊月，摊贩们或在集市上设摊销售，铺上油纸摊上年画，边唱边卖；或游走农村，边走边卖，并通过说唱来吸引群众，讲述相关年画的内容。说唱的曲调和唱词，也非常丰富多彩，促进了年画的销售。人们围集挑选，到处是一派喜庆祥和的热闹景象。苏州桃花坞木版年画，是苏州地区人们特有的民间艺术形式，它是苏州人民精神信仰、文化心理和对生活美好向往的理想象征，浓郁的江南特色，和内涵隽永的艺术形式，是苏州地区传统文化不可再生的宝贵资源。桃花坞木版年画的应用形式，以门画、中堂、条屏为主。不同的时期、不同的场合，展现出不同的风貌。清代以来的桃花坞年画，可以划分为这样几种类型。小说戏曲类，这类作品多数以在民间广为流传、喜闻乐见的历史小说，或戏剧故事为底本，选取其中的典型场景，突出人物的忠孝节义，或男欢女爱。吉祥喜庆类，这类作品表达人们对生命的热爱，对传统幸福生活的向往和功名富贵的追求。求神祈福类，这类作品表达了人们希望借助神灵，消灾免祸赐福生财的愿望。风俗时事类，这类作品是清代后期才出现的，常用细腻的笔触，描绘当时的新鲜事物和盛大的社会活动场景。市井生活类，这类作品生动地表现形形色色的普通人群和各色各样的人生状态。劳动生产类，这类题材一般产生于新中国成立后，表现劳动人民尤其是农民的生产学习娱乐的场景。还有神仙志怪、生肖属相、奇闻趣事等等。还有一些表现男女情爱的年画作品，上面刻有音韵动听的时调小曲，幽默活泼十分有趣。苏州桃花坞木版年画，在艺术上的最大特点，是刻版的精细美观。这种以刻工技艺见长的年画，被誉为姑苏版。从现存的作品来看，早期的桃花坞木版年画风格雅致，在处理仕女、风景、花卉等题材时，多采用传统的立轴和册页式构图。在画面的经营上，可以看出宋代院体画、明代界画和文人画的影响。桃花坞年画雅致风格的形成，原因之一是不少年画的画稿出自上海、苏州等地名家之手，他们把自己的艺术追求和审美情趣融入了年画作品之中，使得这些作品以其较高的品位和价值，成为城市官宦和富裕家庭登堂入室的佳品。雍正乾隆年间，桃花坞木版年画还出现了一种奇特的现象，随着西方文明进入苏州，尤其是传教士的影响，桃花坞年画出现了不少模仿西洋铜版雕刻风格的作品，用来表现中国人的生存状态，即所谓仿泰西笔法。这一类作品，多采用焦点透视，画面中有了明暗、空间纵横的表现。铜版画中的排线手法被充分运用，墨色变化也更加明显。仿泰西笔法，长于刻画繁复的建筑、人物、山水等景物，形成中西合璧的新特点，在中国民间艺术中独树一帜。然而到嘉庆以后，这样的年画已不多见，取而代之的还是以传统技法表现的作品。早期的桃花坞木版年画对场景的刻画也更加细腻生动。雍正十二年（1734 年）刻印的《姑苏阊门图》《三百六十行图》，乾隆五年（1740 年）印制的《姑苏万年桥图》等，真实地刻画了清初苏州阊门外茶社、粮食店、京苏杂货、杭粉猪膘颜料行、三鲜鸡汁大面、顾二房等各种商家作坊和踩绳弄棒演杂技者，以及运河上舟楫相接、万年桥上官民往来如梭之景象。这一时期的作品，不仅刻工细腻入微，而且常用整幅粉连纸刷印，长约 108 厘米，宽约 56 厘米，这样巨幅的桃花坞木版年画，达到了很高的工艺水平，也是世界版画发展史上的一大奇观。

在 1972 年日本出版的《中国明清时代的版画》一书中，收录了古版年画《一团和气》。这幅以吉利、祥和、圆满为主题的珍贵古版年画，无论其纹饰刻版，还是色彩印刷，都极具史料研究价值和艺术欣赏价值，是古版桃花坞年画的代表作之一。画幅中，人物服饰之花纹丰富而细密，上衣以“祥云纹”衬底，缀以大团花、小散花铺面，花型工整，“如意形”披肩排花有序，裙腰满铺龟背纹，裤子则以“卍纹”为底，面缀小型团花，即使人物鞋面细部，同样饰有精细花纹，包括袖口、披肩、腰裙、裤角等处的镶边，均配富有变化的装饰纹样，人物上端装饰题额“和合致祥”，冰梅图案周边缀“回纹”，并有“宝相缠枝纹”等，由此更加烘托画面富丽端庄、主题鲜明。作品刻版因画面纹饰复杂而讲究变化，诸如衣服上的祥云纹、书轴上的盘锦纹、裙衩上的龟背纹等，分版要求极为严格，精雕细刻的同时更要把握准确，不容丝毫偏差瑕疵，甚至连人物牙齿都刻画得清晰可见，充分体现明清年画刻版独特的精致和细腻，而且图案均为多色叠印。人物衣服采用暖色（象牙红）象征吉祥，间以深蓝、浅蓝、绿色与灰赭相配，其冷暖色调处理得体，显现出姑苏版年画运色精到的特色。

古版年画《一团和气》，民间也有不同版本，甚至受其影响派生出了南京版、扬州版以及湖南隆回的滩头版等，各种《一团和气》图像此后还产生了大量的变体，这是苏州木版年画值得骄傲的艺术魅力所在。鸦片战争以后，原本依托于城市消费群体的桃花坞木版年画，其生存空间日益缩小，各年画铺开始将他们的销售重点从城市转向农村，在节省成本和简化工序的同时，年画的题材和画面也有了较大的转变。在题材上增加了反映农村生活及与农事有关的内容。而对人或物的形象，则多采用夸张手法来处理，线条简练刚挺，色彩鲜艳明快，常以成块的大红、桃红、黄、绿、紫和淡墨组成基本色调，使画面更为丰满热闹，富有装饰美和节奏感，从而更接近于农村人群的审美习惯。

桃花坞年画的制作工序，主要包括画稿、刻版、印刷。画稿是决定作品风格及下几道制作工序的基础。先由画师设计出黑白稿，然后画成效果图，若要多色套印，还要绘制多张单色色稿，以供刻分色版之用。画稿要求构图丰实饱满，形象简洁生动，色彩鲜艳明快，形式单线平涂，富有民间木刻版画的装饰趣味和审美情趣。刻版工序包括上样、刻版、敲底和修改。用于刻版的材料选用梨木，木板选好了，就要选用相应的刀具，刀具是专门定做的，刻线用的刀具，刀头形如月牙，操作者拳握木柄刻制，所以称为拳刀。木版年画的一切线、点、块，都是用这一把拳刀刻出来的。除拳刀外，还有辅助刀具，比如弯凿、扁凿、大剔空、二剔空、针凿等。刻完后还要进行敲底，敲底用方形榔头，一般用檀木制成。刻版的方法有发、衬、挑、复4种。发刀是在线条的右边向内发划，也就是沿着线条划出一刀；衬刀是在线条右边和左边相距约一毫米的地方，所衬的一刀；然后用挑刀在发刀、衬刀和墨线间挑去木面，这样一根线条就刻出来了。线条刻出后到敲底前，又必须先在线条着根处，再复一刀，一定要比前三刀略深，以便在敲底时，既能顺利地敲出空间，又能保证线条根底的牢固。以上4种刀法，可以刻出画面上的直线条及弯线条，不要刻得太死板就可以了。线条全部刻出以后，所余空白的地方用凿剔光推平，也叫作敲底。一般刻线板，至少要一个月的时间才能完成。按照桃花坞传统色彩，大部分是五套或六套色，大红、深绿、淡黄、桃红、青莲、淡墨。现代年画可能要多几套，以制作一幅门神赵公明为例，这幅画主要有6种颜色，黑色、绿色、红色、紫色、桃粉色和黄色。要印一幅好的年画，用色非常重要，这里我们选的是丙烯画颜料，单纯的墨汁或水色，不容易粘在版面上，需要在颜料中加入骨胶，使颜料有一定的附着力。先来配制绿色，在碗中倒入开水，挤入颜料，先搅拌，全部稀释后，还要再加入 6 勺骨胶，搅匀即可。骨胶要事先加热稀释后才能用，下胶的分量要适度，冬天宜少夏天宜多，这样能更好地上色。桃花坞木版年画，一般选用安徽宣纸，刻好墨版后开始擦样。这幅作品一共是 6 种颜色，首先用刻好的线板，擦出 6 张图纸，一般这种轮廓线，需要重复擦样两遍，后面要分色。桃花坞木版年画采用一版一色的方法，所以要将每种颜色分开并刻制。除了轮廓是黑色外，剩下 5 种颜色，要先用毛笔单独描绘出来，一张一色，要求描绘仔细，颜色不能出位，将分好色的 5 张纸，分别粘在木板上，下面就可以刻套版了，只需要将每种颜色都刻出来即可。弯凿、扁凿一般用于刻套版，刻制方法同刻线版时一样。借着根据空间大小不同的情况，使用其他东西敲底。这里先刻绿色，除了绿色以外的部分，全部要敲掉，要求刻出的每个版面，线条组织疏松得当，不能过密，以至于棕丝接触不到线条密集的凹处，墨汁积塞成墨块，同时也会造成套印色彩时，颜色灰暗沉滞。刻套版大约要用两个月时间，刻好的这 5 个版面，就是我们要的套版了。印刷前首先要摸版，套色版要和墨线版入扣，摸版是关键。先来印制绿色，色版的四角用潮纸铺好，将前边擦样后的宣纸铺在色版上，用手隔着宣纸，触摸各个部位是否准确，可以先印几张，直到绿色准确地套印在该位置上即可。第一块色版印好以后，就可以印刷了，一般每个颜色都要反复印两到三遍才能均匀。第二个我们上的是红色，上色的顺序，一般按照从轻到重上色，所以第三次我们要上黄色，第四个是桃红，最后才是紫色，因为紫色颜色最重。这里印刷的这幅画是比较简单的，而有些画在印刷时，需要两次才能完成。

苏州桃花坞木版年画是一座文化富矿，其内涵的丰富性在于，它是中国四大发明之一的印刷术历经千年沧桑而幸存的活标本，是对雕版印刷术的创造性的发展，在中国印刷科技史上占有重要的地位。苏州桃花坞木版年画，是勤劳智慧的苏州人民，将艺术、技术和对生活的感悟完美结合的成功例证。桃花坞木版年画生动传神地再现了苏州民间文化，是民族信仰精神与情感、强烈的亲和力和凝聚力的特殊而重要的艺术载体。它和久负盛名的苏州园林、刺绣、评弹、昆曲、吴门书画等一样，是吴文化的代表性资源，有着不容忽视的历史、文化和科学价值，在世界艺术领域同样是不容忽视的民俗艺术样式。近几十年来，随着社会的发展，人们的经济和文化生活发生了巨大的变化。苏州桃花坞木版年画，逐渐失去了它赖以萌生、发展的生存环境。口传手教的老式传承方法、民间老艺人的相继改行或去世，也使桃花坞年画面临着断绝香火的危险局面，甚至珍贵的年画古版，也不再被人们珍惜。

## 锡　剧

锡剧是个非常善于吸收和接纳的剧种，它不仅善于吸收别人的表演，也善于吸收别人的剧目。例如从宝卷和弹词中，引进了《双珠凤》《珍珠塔》，从京剧移植了《贩马记》，自武林班中引进了《荆钗记》，还搬演了文明戏中的《杨乃武与小白菜》，等等。锡剧本身具有文多于武和唱重于做的艺术特点，所以更多地还是吸收了才子佳人的爱情戏，尤其受到女性的喜爱。2006 年 12 月剪彩开放的无锡市戏剧博物馆，珍藏着常锡剧名家王嘉大罕有的几幅照片和他的珍贵手稿。1985 年王嘉大生于常州武进县湖塘乡，21 岁他拜常州滩簧名家高林福等人为师，学唱旦角，以青衣见长，后又改唱小生兼老旦、老生。王嘉大善于编剧，进入上海后，他把一些民间故事和唱本改编成适合剧院演出时的大同场戏，如《珍珠塔》《十五贯》《双奇缘》等。他还开办了上海第一家专演常锡剧的剧场，名动一时。大同场戏时期的常锡剧戏班，习惯于演幕表戏，它只有演出提纲而没有剧本，也没有固定台词和固定唱词，演出时由演员自由发挥，直到新中国成立初期，戏剧改革之后，幕表戏才被剧本戏代替。

锡剧的基本曲调主要有簧调、大陆板和玲玲调。簧调是锡剧最早形成的曲调，老簧调分男女腔，相差约四五度。簧调曲调流畅，富于江南水乡气息。经典的锡剧对子戏《双推磨》，其基本调式就是簧调。新中国成立后，创作及改编了新簧调、簧调流水板等新板腔，使簧调腔系日趋完备。锡剧的另一个主要曲调大陆板，情调爽朗明快，正好和簧调的柔美缠绵形成鲜明的对比。两者交替使用时，会因调性的转换，而产生良好的效果。玲玲调则优美、抒情，善于表现人物的内心活动、倾吐衷情。著名锡剧演员王彬彬表演的《珍珠塔·跌雪》，集中体现了多种唱腔融会贯通，对人物情感世界的动人揭示。剧中的方卿因贫穷，到湖北襄阳的姑母家求助，却受尽姑母辱骂，悲愤而走，一路上饥寒交迫。唱段起首四字用南方调，后三字转大陆调，前高后低，跌宕起伏，将内心深处复杂的感情，刻画得淋漓尽致。珍珠塔被抢后，方卿的一段簧调唱腔，千回百转，当唱到枉费表姐心一片时，他换气不断音，连用三个滑音不同的心字，愁肠百结，令人心颤。曲调随后进入紧拉慢唱大陆板，抒发出思念老母、怀念表姐、仇恨强盗、百感交集的心情。

锡剧以其浓郁的水乡情调、江南丝竹般清新委婉的唱腔，广泛流行于华东地区，受到民众的喜爱。然而在新中国成立前，锡剧艺人大多地位低下、饱受欺凌，甚至被称为戏花子。新中国成立后，广大艺人翻身做了主人，锡剧艺术也得到了积极的保护。1950 年常锡文戏正式定名为常锡剧，简称锡剧，1955 年起以简称代名，通称锡剧至今。20 世纪 50 年代前后，是锡剧蓬勃发展的黄金时期。苏南文化部门举办各类锡剧培训班，大力提高艺人的文化和艺术水平，并举办多次文艺会演，促进了锡剧事业的健康发展。1951 年起文化部门组织剧团，开展以剧目审定为重点的戏改工作，净化舞台，清除表演中各种不良内容，同时积极继承和整理常锡滩簧的传统剧目，共收集对子戏 55 个，小同场戏 43 个，大同场戏 143 个，并鼓励移植和创作历史故事戏。

锡剧数次进京演出，获得了巨大成功，是锡剧艺术走向巅峰的一个标志。1954 年江苏省锡剧团奉调进京，为第一届全国人民代表大会演出，这是锡剧第一次在北京演出。1958 年和 1959 年，常州市锡剧团、无锡市锡剧团先后奉调进京，演出了《双珠凤》《珍珠塔》等剧目，反响热烈。新中国成立后，各地剧团根据国家政治和经济形势发展，深入生活，创作出一批现实题材的现代戏，如《红色的种子》《走上新路》《红花曲》《太湖儿女》，等等，丰富了锡剧的剧目。改革开放以来，锡剧艺术在继承和创新的道路上，努力迈进。特别是 1984 年以来的七届锡剧节，有力地促进了锡剧的发展。各地的剧团相继推出了新的剧目，表演形式也有很大变革，并深入基层演出，培养新一代的观众群体。锡剧的发展史，如同一幕幕锡剧本身，曲折而又动人。在新中国锡剧的发展史中，闪烁着一颗颗明星，照亮了锡剧艺术的过去和现在。他们开山立派，成为一代宗师，呕心沥血，为艺术奉献出全部的青春和挚爱。这些著名的艺术家，有的潜心身法创造，唱腔新奇善变，成为一代锡丑；有的表演细腻真实，韵腔委婉多姿，善于吸收民间小调及兄弟剧种的曲调；有的咬字正、吐字清、送字远，高音明亮、低音圆润；有的腔随神异、板随情变、曲随时新；有的嗓音甜糯优美、花腔奇特，表演飘逸舒展；还有的擅演悲旦兼巾帼英雄，嗓音轻柔如小桥流水、抒情悦耳。总之，群星璀璨，难以尽数。

## 扬　剧

扬剧的音乐很丰富，属于曲牌体。它的音乐由三部分组成：一是花鼓戏音乐，曲调有种大麦调、磨豆腐调、深亲调和跌怀调等，风格健康淳朴、生动活泼。二是香火戏音乐，曲调有上字句、十字句、快板、船调、渔调等，具有山歌和车水号子的粗犷高亢的特点，乡土气息也很浓。三是扬州清曲和扬州小唱，曲调由满江红、叠落、侉侉调、梳妆台、剪剪花等组成，清曲字正腔圆，行腔娓娓动听，且优美、典雅、细腻。现在扬剧的主要曲调，就是梳妆台、剪剪花、大陆板、数板等一百多种曲调。扬剧的乐队，文场有二胡、背引、中胡、正引、琵琶、三弦、扬琴、笛、唢呐等。戏场有板鼓、大锣、小锣、铙钹、堂鼓（演奏的锣鼓基本上是京剧的程式）。扬剧乐队的最大特色是华彩伴奏、流利快攻，以及它的既规范而又灵活的演奏。扬剧曲调丰富多彩，表现力强，不但曲目多，而且同一曲调，可表达多种情绪。如梳妆台、大陆板可用于舒缓，也可表现激昂。剪剪花、哭小郎可以欢快也可以悲伤。大开口曲调，更因其节奏自如、富于变化，达到因人而异。扬剧音乐委婉动听，感染力强，一些唱腔、唱段，脍炙人口，久唱不衰。扬剧的角色行当，虽有生旦净丑之分，但区别并不严格，演员戏路较宽，在唱腔上也只分男腔、女腔。各行当的表演多从昆剧、京剧借鉴吸收而来，但始终保持着花鼓戏朴素、活泼的特点，生活气息浓重，丑角尤为突出。扬剧一向重视丑角和旦角的表演，一丑一旦的传统剧目很多，从而形成了扬剧特有的喜剧风格。演员表演活泼、诙谐，俗中见雅、雅俗共赏。扬剧的传统剧目，有400多种，其中影响较大的有《玉蜻蜓》《珍珠塔》《审土地》《绣符缘》《王昭君》《闹灯记》《三戏白牡丹》《命妇宴》《樵夫与画女》《鸿雁传书》《百岁挂帅》《夺印》《史可法》《真假24小时》等。

扬州人爱扬剧，不仅仅爱扬剧艺术本身，更将它视为家乡的象征，寄托着怀念家乡、爱家乡的情结，特别是寓居外地的扬州人，表现得更加充分。扬剧有着较高的观赏性和审美性，具有丰富的思想内涵和特定地域的审美理念，具有历史文化的认知和研究价值，具有较高的艺术价值，是戏剧文化宝库中的独特财富。扬剧拥有一批热爱扬剧、勇于创新的演员，扬剧拥有相当数量的传统戏和不断涌现的现代戏，更重要的是，扬剧还拥有千千万万喜爱家乡、喜爱地方戏的戏迷。扬剧，这一地域特色鲜明、历史文化底蕴深厚、演出剧目繁多、演员活泼诙谐的表演，将在中华民族丰厚的文化遗产中，占有一个重要位置。

## 扬州剪纸

扬州剪纸是一门艺术，其技艺十分精细，且富有神韵。不少艺人在剪新花样时，总要先在纸上画样稿，然后再开剪。这个画稿的过程便是明确意向。而杰出的剪纸艺术家张金盛和张永寿却不这样，他们剪的花样名目繁多，从来都是不打底子，并非他们没有底子，而是长期积累，娴熟于胸，正如“胸有千般菊，剪下出奇花”。张永寿曾总结其经验为八个字：写实、变化、概括、夸张。他的艺术魅力，源于对事物的潜察默记，认真地选形、取势，善于观察、取其特征，方能闭目如在眼前，出手如在剪下。著名剪纸艺人张永寿，经过长期的探索和实践，总结归纳剪纸口诀：圆如秋月，比如剪梅花的五片花瓣，必须剪得圆润饱满，每一瓣都要剪到位；线如胡须，比如剪线瓣状的菊花，它主要以线条表现，剪出的线条要飘逸流畅，要有风吹过来的动感，就像老人胸前的胡须那样自然；尖如麦芒，比如剪竹子、松枝的叶尖都较细，但要用剪刀的功夫来表现出，竹叶和松枝的挺拔和尖锐，感觉要像麦芒一样能戳人；缺如锯齿，比如一些花叶是锯齿状，剪的时候就要注意它的生长规律，剪出它的力量，将叶边剪成锯齿一样锋利；方如青砖，在剪纸过程中，剪方的地方不多，只有在作品有外框的情况下，才可能用到，如菱形、长方形、正方形，但剪这类带边框的作品，就必须要线条平等、角度准确，就像是在建房用的青砖，有棱有角。以上这五个要诀，是扬州剪纸风格的标准，无论剪什么样稿，都必须根据这种标准，剪出的作品才具备扬州细腻典雅、玲珑剔透的风格。张永寿的剪纸，除线条流利婉转、剪法生动活泼外，还另有一套独特的本领，如剪飞鸟要从翅膀剪起，剪游鱼要从头部剪起，剪花卉要达到圆如秋月、方如青砖、缺如锯齿、线如胡须，剪口整齐、光洁、均匀。剪每一幅作品，构图都要做到疏密相间、繁中有简、虚实相生、静中有动。

扬州工艺研究所的专家们，将扬州剪纸的工艺特征概括为秀、灵、雅，具体表现在以下几个方面：线条清秀流畅，扬州剪纸多用镂空的技法，由于镂空，就形成了阳纹的剪纸，必须线线相连，阴纹的剪纸必须线线相断，如果把一部分的线条剪断了，就会使整张剪纸支离破碎，形不成画面，由此就产生了千刻不落、万剪不断的结构，这是剪纸艺术的一个重要特点。扬州剪纸很讲究线条，因为剪纸的画面就是由线条构成的，可以说线条是扬州剪纸造型的基础。构图精巧雅致，折枝花卉是张永寿的代表作，他的《百花齐放》《百菊图》和《百蝶恋花图》的基本造型，都是折枝型的花卉。作者采用以小见大、以局部见整体的巧妙构思，截取花卉造型某一特定角度，用二维的手法，表现出三维的空间。剪纸不同于绘画，在构图上很难表现出三维空间，如花瓣的卷曲、叶片的重叠、枝秆的翻转，等等，扬州剪纸都处理得十分精巧，于枝叶花瓣的重重叠叠中，表现出物象之间的比例和透视关系。在构图上，扬州剪纸讲究造型的雅致，依据形象在内容上的联系，较多地采用组合的手法，使造型有适度的夸张变形，从而产生图案的形式美，形象夸张简洁。扬州剪纸在处理形象时，既要抓住物象特征，又要做到线条连接自然，如张永寿的《百菊图》，在注重菊花写实的同时，抓住形象的主要部分，大胆舍去次要部分，使主体一目了然。那一幅幅画面优美的菊花，既有版画构图的简洁，又有高调摄影的夸张，简洁和夸张相得益彰。技法求新求变，扬州剪纸的许多特点和风格，都是由技法的求新求变而产生的，如张永寿创作的《百菊图》，许多地方都运用了多变的剪纸技巧，例如刻一种罗汉须的菊花，由于它初开时是直瓣，盛开时是卷曲，形成螺丝圈，剪这种菊花，要一瓣一瓣从里往外圈剪，剪成后花瓣卷曲自如，才能形成一朵形象殊异、风味别致的菊花。

扬州剪纸各种技法巧妙运用，从而形成扬州剪纸特有的剪味纸感。扬州剪纸所用的纸张，以安徽手工宣纸为主，而一般不采用机宣。要求质地平整、薄厚适中，纸里没有草棒和沙子，宣纸颜色均为白色，未经过色染，柔韧性好。剪好的作品可任选颜色纸来衬托，这样便于收藏。而染过的彩色纸，性能要比白宣脆一点，也不宜久放，时间一长纸就会褪色。扬州剪纸必须配备一把合手的剪刀。首先剪刀大小要合适，而不是越小越好；第二钢火要好，钢火不好的剪刀，磨出来的剪口不够锋利，达不到要求；第三，买回的剪刀要自己亲手用砂轮水磨，切不可用机器打磨，不可心急。磨一把剪纸刀，需要花上两天时间，磨好后再找一位专业磨剪刀的师傅开一下口，注意剪尖对口要准，切不可有长短。剪刀要注意保管，只能专用。

## 扬州漆器

一件扬州漆器往往要经过几十道工序，历时几个月甚至几年才能完成。扬州漆器的制作主要包括制漆、制胎和髹饰。制漆主要包括制作净生漆和精制漆。

精制漆主要用于髹涂。古代工匠髹物时，要将植物油调入精制漆中使用。这也是为什么现在人们要将漆，称为油漆。历史上扬州漆器的胎料有木、竹、皮、布、纸、金属、陶瓷、塑料、藤、玻璃等，而以木胎最为常见。

当代扬州漆器艺人，还尝试利用天然物体做胎料。张宇和张来喜采用脱胎的方法，将河边发现的造型独特的大石头，制成胎骨。

胎骨制成，进行严格表面去污除尘清理，制成一件光素的漆胎。做好的漆胎，就可以进行工艺装饰了。扬州漆器大体可以归纳出色髹、画漆、刻漆、雕漆、嵌漆 5 类基本技法。这 5 类技法交错组合，又生出许多技法。凡是可以入漆的颜料，都可以与漆调配成色漆，髹涂于器面，叫作色髹。色髹不借助纹饰，最能表现大漆的质地美和髹涂的工艺美。黑漆与朱漆是最常用的装饰手法。它们伴随着漆工艺的产生而出现，成为制作最多、最普及的品种。用笔蘸彩的漆或彩油，在漆面上描画图案为彩绘。扬州漆器彩绘在秦汉时期就有很高的制作水平和较大的生产规模。扬州汉墓漆器的彩绘，除了抽象的云纹、写实的鸟兽和神禽、瑞兽、羽人画面，还取材社会生活和山川景色，取得了辉煌的成就。汉代以后，彩绘在扬州漆器中所占比重不大。在推光漆面用刀镌刻图案，统称刻漆。扬州刻漆漆器主要指刻灰漆器。刻灰也称深刻，铲去刻过漆膜下的灰地，敷以色粉，填以彩色或贴金银箔再罩漆。刻灰视觉效果明快，宜于制作屏风家具。扬州刻灰兴于明代，晚清则多制扬州八怪书画条屏。扬州刻灰工艺，金地金碧辉煌，黑地古雅醇和，色地和谐悦目，仿古断纹古色古香，工艺简便，价格低廉，是常年主销的大宗产品。雕漆，是在髹涂数十层至数百层的漆面上，雕刻各种纹样以为装饰的漆器。雕漆按其漆色分有剔红、剔黄、剔绿、剔彩等，以剔红为主。据文献记载，唐代的扬州漆器艺人创制了剔红。宋代剔红现在没有实物可见。元代及明永宣剔红，常以一枝花的花叶朵组成适合纹样，布满全器，不刻锦地，枝叶肥满，朱厚色鲜，红润坚重，打磨圆熟。扬州博物馆现珍藏明代云纹雕漆高足杯、雕漆花枝纹三足炉各一尊，为扬州明代雕漆代表作品。清代扬州雕漆则以夏漆工为代表，大量制造仿明漆器。清代晚期，雕漆技艺衰微而几乎失传。新中国成立后，扬州才重新恢复了雕漆的生产。扬州剔红漆色沉静，雕刻细致，刀法圆熟，藏锋不露，尤以薄浮雕见长，所谓薄物厚做，特别擅长山水楼阁，细如微芒的界面，风格写实。

1990 年竣工的剔红大花瓶江天一览，是扬州雕漆工艺历史上空前的辉煌巨制。花瓶一对，高 2 米，肩为 2.8 米，底座高 0.4 米，夹贮胎上髹涂朱漆 400 余层，由中国工艺美术大师、高级工艺美术师张宇设计。漆雕艺人梁国海传人方开玲、陈顺英等 8 人昼夜分班雕刻，历时两年半方告完成。

瓶身一围，用散点透视，将长江两岸 24 处风景名胜展开成长卷，形成了一幅回环连续的山水画面，刘海粟为之题词“江天一览”。制作者在传统剔红工艺的基础上，悉心提高，加以创造。如长江上下游夹叶树头，因地制宜、无一雷同，长江上游的水纹，刻成急流漩涡，水势汹涌，长江下游的水纹，刻成江天一色，水波粼粼，雕刻藏锋不露，打磨光润圆滑，成品端庄古朴、秀丽精巧，充分体现了扬州剔红的特长。1990 年获中国工艺美术品百花奖，创作设计一等奖，作为中华之最在中央电视台专题报道。由中国工艺美术大师张来喜设计制作的红雕漆作品《春山渔隐台屏》，表现出群山叠嶂、云雾缭绕、浑厚雄壮、气势非凡、气象万千的视觉效果。作品采用了扬州传统的红雕漆工艺，在木胎上涂了 300 道漆，雕刻精致、千姿百态的古松，细嫩的柏树和槐树，春意盎然、生机勃勃，山间树下的老人垂钓，悠闲自得，刻画得栩栩如生。

嵌漆是嵌于漆的简称，即漆面借物嵌饰。汉代，扬州漆器镶嵌技艺成熟。唐代，扬州漆器的镶嵌特色露出端倪。扬州漆器长于镶嵌的特色，在明代形成，明末声誉鹊起。百宝嵌亦称周制、周铸，扬州漆器名贵品种之一，为明嘉靖年间扬州漆器艺人周翥所创，故名。清钱泳《履园丛话》载：周制之法，惟扬州有之，其法以金银、宝石、珍珠、珊瑚、碧玉、翡翠、砗磲、青金、绿松、螺钿、象牙、蜜蜡、沉香为之，雕成山水、人物、树木、楼台、花卉、翎毛，嵌于檀梨、漆器之上，大而屏风、桌椅、窗格、书架，小则笔床、茶具、砚匣、书箱，五色陆离、难以形容，真古来未有之奇玩。百宝嵌由于所施材料的色泽自然纯净，加上高超的镶嵌工艺，使百宝嵌漆器尤为明清时的文人雅士所青睐。明末至清康熙乾隆年间，扬州百宝嵌与雕漆结合，排除质地疏松的骨、角等镶嵌材料，专以老山玉雕成图像，嵌在红雕漆锦纹底子上，雕漆嵌玉漆器从此诞生。因为所嵌材料为老山玉，扬州漆器也称为老山玉镶嵌。从此，百宝嵌分化为骨石镶嵌漆器、老山玉镶嵌漆器两大分支。骨石镶嵌漆器制作的工艺是，选用象牙、牛骨、青田石、寿山石、石决明等为主要原料。开片以后，按料片大小和工具头能够雕刻的范围，切割画稿，贴于料片。用手弓锼出轮廓，在雕刻机上刻出浮雕图像，拼撞严密，打磨光亮以后，镶嵌在漆面上。骨石镶嵌漆器，一般以描金绘制画面背景，和边框连续图案作装饰，品种有各类家具、屏风、地屏、座屏、台屏等，是扬州漆器的主要品种之一。雕漆嵌玉漆器工艺流程复杂，选用各种玉料，经过开片、剪稿、画片、下料、切割块面、粗磨、撞缝、开纹、镶嵌等繁复的操作，琢成浮雕图像，抛光后，用油腻子入色作黏结剂，嵌在手工雕刻的红雕漆锦纹底上。彩玉琳琅满目的反光图像，为沉着细致的吸光锦地衬托，天然色泽、柔和腴润，两种工艺珠联璧合，端庄典雅又华美天成，要求设计构图简练，主体突出，层次分明，不繁不碎不乱，影响富有韵律。雕漆嵌玉品种以屏风为主，有地屏、挂屏、台屏、荷花缸、花瓶、杂件等。各种屏风均以红木框架相衬配，雍容华贵，具有很高的艺术欣赏价值，现多为高级宾馆厅堂陈设，或作为国家领导人出访时赠送外国领导人的礼品。20世纪50年代末，由画家陈之佛创作，扬州漆器厂设计师姜璧设计，著名艺人梁国海、王国治等制作的雕漆嵌玉大挂屏《和平颂》《喜鹊登梅》作为国庆十周年的献礼作品，曾陈列在人民大会堂江苏厅20多年。

现在这两件作品陈列在扬州工艺展览馆漆器精品厅，已经成了扬州工艺展览馆的镇馆之宝。两件佳作规格之大、用料之美、工艺之精、效果之佳，在雕漆嵌玉史上不可多得，实属当今的稀世珍品。

螺钿漆器的发端可以追溯到商周。螺和钿是两类不同的材料，螺泛指江河湖海中的螺蚌壳；钿指镶嵌用的金银宝石。现在把用螺蚌壳一种材料镶嵌的漆器，也泛称作螺钿漆器。平磨螺钿，是扬州螺钿漆器的主要品种。平磨螺钿漆器，是以螺钿为嵌贴材料，磨显出图像的漆器。一般从生长三五年的河蚌壳中，选择色泽纯净、明亮度好、底面较平、结构紧密坚韧的蚌壳，除去黑褐色的角质层。高档平磨螺钿漆器用夜光螺、鲍鱼贝、亮耳子等五彩螺片，去除角质层和石灰质层，磨成厚约1毫米，长约10厘米的平片，贴上分块切割的图稿，镂出轮廓，拼成图像嵌贴于漆坯，刀刻线纹、髹漆、磨显，刻槽内留下黑漆线条，再经打磨推光，便制成黑白分明、清丽素雅、一平如镜、光可鉴人的平磨螺钿漆器。扬州平磨螺钿漆器，追求工笔画效果，画面疏密对比有节奏感，画风写实、淡雅清逸的审美特点与明清以来扬州的士大夫文化一拍即合，是目前最能代表扬州文化特点的传统漆艺。1973年，刘祥棣设计，高永茂、杨定国等制作的平磨螺钿大挂屏《南京长江大桥》，在传统形式的黑色漆面上表现夜景，用云母、夜光螺、珠光塑料凳磨显出一桥飞架南北的雄姿，用荧光粉涂在薄螺钿背面，镶嵌在画面上，这种特殊工艺，让夜色中的景物闪闪发光，礼花五彩缤纷，桥上灯火辉煌。软螺钿漆器又称薄螺钿漆器，是平磨螺钿漆器的一个分支，因为所用螺片薄如蝉翼，柔软有弹力，区别于螺片较厚的硬螺钿漆器所以得名。扬州漆器也称软螺钿为点螺。点螺漆器约始于南宋，元代点螺漆器已经十分精美。明末清初，扬州点螺漆器时称一绝。明末清初时，扬州著名漆艺师江千里制作点螺漆器而名闻朝野，他所做的点螺杯盘精美无比，当时扬州流传着杯盘处处江秋水的佳话。江千里漆器，国内外博物馆多有收藏。扬州博物馆藏有镌刻江千里的漆器4件。清末扬州点螺工艺失传。1977年，扬州漆器厂制成，第一件点螺漆器，仿明二龙抢珠盘。点螺漆器很快成为扬州漆器的名牌产品。扬州点螺工艺多用于制作中小件漆器，品种有地屏、挂屏、盘、盒、文具用品等。1979年，吴辰设计、高永茂制作的点螺《锦绣万年春台屏》以锦绣春光象征中朝友谊万古长青。当年邓颖超赴朝鲜访问，将其赠送金日成主席。制作者将螺钿磨制加工成十余万件极细微的部件，用两万余根点螺丝，作为松针点制成数百个松球，孔雀长45厘米，用6 000余根翠绿羽丝组成蓬松的尾羽，每个绿豆大的瓴眼内套用黄橙绿三色螺片，还巧妙地嵌进闪闪发光的金片，画面上孔雀亭亭玉立，松树葱茏茂密，青松翠玉，相映生辉，暗红色的紫藤花蒙络摇缀，参差披拂，洋溢着浓烈春意。1985年其复制品被轻工业部征集作为工艺美术珍品，由中国工艺美术馆收藏。

漆砂砚是融合扬州漆器多种基本髹饰技法的漆器。漆砂砚以轻质木材作胎骨，用大漆调入有研磨作用的沙粒，髹刷砚面，胎质轻巧、坚固耐磨。扬州漆器厂和扬州漆器研究所，经过多年的研究摸索，于1981年恢复了漆砂砚的生产。在此基础上，发展了集点螺、木雕、漆砂三种工艺融为一体的点螺楠木雕漆砂砚，制作了数十件重点作品，参加各种展览并获奖，在国内外取得了很高的声誉。砚身采用古金丝楠木整体雕刻而成，质地细腻、纹理精美、色泽古雅，具有永不开裂变形的优良特性，十分珍贵难得。砚盒采用优质夜光螺、石决明等名贵材料，按照画面设计要求，加工成薄如蝉翼、细若秋毫的螺片，点嵌在光亮如镜的漆面上，构成随光变换、质感强烈、美不胜收的绮丽画面，充分体现了中国工艺美术品的材质感，富有强烈的艺术魅力和欣赏价值。由于集点螺、楠木雕和漆砂砚工艺为一体，相得益彰、构思巧妙，材优质美、工艺精湛、适应性强，富有强烈的艺术魅力、欣赏价值和实用价值，得到了专家学者的高度评赏，取得了较高的荣誉和经济效益。点螺楠木雕《大涤草堂》漆砂砚，1987年被轻工业部征为工艺美术珍品，由中国工艺美术馆收藏。1985年，彭真委员长访问日本时，将点螺楠木漆砂砚《醉翁亭》作为国家礼品赠送给日本天皇。大型点螺楠木雕刻《泰山揽胜》漆砂砚，在日本展出时以1.7亿日元，为日本客商所收购。

漆画是以大漆为基本物质材料，运用漆器装饰工艺和各种现代技术，表达作者创作意念的工艺绘画。扬州漆画创作起步较晚，20世纪80年代逐步发展起来。扬州漆器厂工艺美术大师谢世强，经过15年反复研究，通过数百次试验，在2005年终于取得突破性进展，在国内首创漆器做成卷轴画技术。根据古代名诗词的诗情画意，精心制成点螺卷轴画《春江瀛洲图》。卷轴长210厘米，宽80厘米，内卷的点螺画《春江瀛洲图》，长120厘米，宽65厘米，画幅上亭台楼阁，近树远山，布局精当，取中国传统山水画意境。令人称奇的是，画中的山水楼台，均是以针尖般细小的硬质螺片点染成画，而全画仍能软柔如棉，舒卷自如。其舒卷、闭合的柔软程度，和普通纸质卷轴画无异，令人叹为观止。为了适应现代审美和装饰需求，扬州漆器厂开发了将传统工艺和现代题材融为一体的漆艺壁画，古朴美与现代美相映生辉。扬州漆器也得到了普通百姓的喜爱，这些精美的漆器家具，也走进了寻常百姓家。

## 扬州清曲

扬州清曲的曲牌非常丰富，迄今统计有140多种。有宫调、商调、徵调、羽调等调式。其板式一般有一板一眼、一板三眼和一板七眼之分。演唱分单支和联套，全曲只用一支曲牌的为单支曲，俗称单片子。旋律优美的南调《满江红》《梳妆台》等常用作单支曲演唱，其曲目多达百数十首。套曲的结构比较复杂，最常见的结构称《五瓣梅》，即用《满江红》作头，用叠落板作尾，中间穿插多支其他曲牌。穿插五支以下曲牌者称小五瓣梅，穿插五支以上曲牌者称大五瓣梅。此外尚有一种少见的集曲结构，是由数首套曲组成的连本套曲，可以演唱有较多情节的长篇故事，表现各种人物的思想感情。如用十八支曲牌中每一支的一部分集结成的九腔十八调、用剪剪花分别接十支不同的曲牌演唱的十个郎等。这些方式使扬州清曲曲牌的组合，显得既有规律又自由灵活。

除了曲调繁多外，扬州清曲的曲目也很丰富。据统计已有文字记录的唱本约有500种左右，其中有文字记载的完整唱本约200种。单片子曲目有《十杯酒》《做人难》等，套曲曲目有《黛玉悲秋》《梁山伯与祝英台》《竹木相争》《老鼠告状》等。其曲词内容大致包含反映社会生活、描写男女爱情、敷演历史故事、讲述语言神话、歌咏风景事物等几个方面，体现了扬州清曲贴近民众生活，具有强烈的民间性、群众性和地域性的特征。《青荷叶上》，是扬州清曲的代表作之一，歌曲婉转动人，唱出了年轻女子对负心男子悲哀而温柔的责备，令人感动。歌词来源于明代吴地文学家冯梦龙辑录的民歌集《桂枝儿·荷珠》，又经后人的改编和丰富，体现出扬州清曲对古代民歌的传承和发展。清曲这种在民间小唱基础上发展起来的地方性曲艺，只有清唱而无动作和道白。一般以坐唱形式演唱，人数从一二人至八九人不等。除了演唱者每人操一种乐器以外，还有一个小型的乐队伴奏。常用乐器有琵琶、三弦、月琴、四胡、二胡、扬琴以及檀板、碟子、酒杯等，不用打击乐，有时也用箫，使音调更加和谐动听。《扬州画舫录》卷十一中有记载：小唱以琵琶、弦子、月琴、檀板合动而歌。传统清曲不化装，无说白、无表演，其演出轻便简洁、朴实无华，适宜节庆、礼仪等民俗活动及私家特邀演唱。演唱发声有窄口和阔口之分。窄口主要用于旦角身份者演唱，符合中国曲艺的传统特色。伴奏乐器是扬州清曲的重要组成部分，丝弦乐器通常用四胡、二胡、琵琶和酒杯。过去曾用过洞箫、月琴、扬琴，现今已不常用。瓦碟和酒杯是扬州清曲特殊的伴奏乐器，这两样东西的声音，能够和琴、箫、筝等乐器完美地结合起来，变幻出各种各样令人心旷神怡的天籁之音，可惜历来擅长此项技艺的人不多。明朝有个朱少臣，颇负盛名，现如今也只有扬州清曲传人聂峰还能精于此道了。

《鲜花调》是扬州清曲的常用曲牌之一。清朝乾隆年间，钱德苍出版了一部戏曲集《缀白裘》，汇集了当时广泛流传的地方戏曲，其中收录了《鲜花调》，有曲谱和曲词。曲词除了个别字，与现在的《茉莉花》不同外，其他一字不差。经过一代又一代清曲艺人的口传心授，该曲一直传唱到现在。直至今日，《鲜花调》在它的原产地扬州，仍然广为流传，妇孺皆知，久唱不衰。它或作为田野秧歌到处传唱，或作为民间歌舞在广场表演，近代以来还被扬州戏曲所吸收，成为常用曲牌之一。尤其值得一提的是，扬州清曲后来在老《鲜花调》的基础上，经过嬗变、丰富和拓展，推出了新鲜花、半鲜花、数鲜花、散鲜花等曲牌，构成一个鲜花调家族。这一首永葆青春的扬州古典民歌，以其顽强的生命力和艺术感染力，不仅唱遍全国，而且漂洋过海走向世界，以致许多地方都以拥有自己地方版本的《茉莉花》为荣。这不仅是中国地方音乐史上的一段佳话，也是世界民间艺术史上的一个奇观。

## 扬州玉器

玉雕工艺技术是将各种玉石材料加工制成玉雕工艺品的专门技术。玉石质地坚硬缜密，一般硬度为摩氏四至八度之间，所以它的手工技艺较为复杂，其工艺特点是琢磨。玉不琢不成器，所以在历史上称为琢玉、碾玉。磨削是玉石加工工艺的基本方法，这种工艺的特点是，要求制作者有较高的造型能力，富有创造性的构思能力和较高的艺术素养。

扬州玉雕制作工艺，在几千年的传承中，保持扬州传统文化的地方特色，擅长运用阴线刻、深浅浮雕、立体圆雕、镂空雕等多种技法，形成了浑厚、圆润、儒雅、灵秀、精巧的基本特征，以及秀丽、典雅、玲珑、剔透的艺术特色，以其独有的艺术魅力著称于世。今天的扬州雕玉艺师们，全面继承历史上玉雕的优秀技艺，锐意创新，在技艺实践中遵循量料取材、因材施艺的琢磨工艺规律，结合时代的要求，不断提高相玉能力及雕琢技艺，创作了大批构图新颖、造型优美、做工精致的产品，其中尤以山籽雕及链子活技艺独具一格，显示了扬州玉雕艺人精湛的工艺技法。

链子活是扬州玉器“玲珑剔透扬州工”的又一表现技法。扬州玉器的链圈在工艺技法上，有独到之处，琢制出来的圈环似黄豆一般，精巧圆润，细腻整齐，圈环并茂，大小由之。扬州的链子活，通常出现于炉瓶、灯塔、熏片、锁坠等器物之上，尤以与瓶、塔结合为多，亦最富于代表性。视器物造型之需要，结合以单链、双链或多链，其安排的部件要恰到好处，既是器物的组成部分，相得益彰不可或缺，又是器物的装饰手段，起衬托器物之效而又不喧宾夺主。琢制链条要求很高、难度很大，被艺人们认为是既难又险的活。难就难在链条取材于器物本身，取其材而不离其体，确定取材部位以后，要凭借刚柔适度的工具予以切割，削去多肉，取出每根链条的用材，安排好每节圈环的位置，做到均匀准确，不能有丝毫差误。险就险在每根链条的形成，要保证每一节链圈完整无缺，做到环环相扣、圈圈相连，若损一圈一环则前功尽弃。因此链子活，一定要心灵手巧、艺高胆大，一环在手全链在胸，准确无误地精心施艺以抵于成。

扬州玉器品种齐全，有人物、器皿、花卉、雀鸟、动物及山籽雕等几大类，而最擅长的是山籽雕品种，以及器皿类作品上的链子活。在玉雕器皿中，扬州的链子活技法是别具一格的。北方采用链子活技法的玉雕作品，链圈大多是椭圆形，内圆直径较大，不能制作太小的玉圈。而内链双瓶，料色洁白细腻，外体为薄胎连体双瓶，上部两个瓶盖由一根75节细小的链圈连接，瓶盖间可相互串动，造型典雅别致，尤其是链子活部分，把扬州工艺特色发挥到极致。细小的玉圈环环相扣，皆圆润整齐，充分体现了扬州玉雕灵秀的一面，实为玉器中难得的佳品。

## 秦淮灯彩

秦淮灯彩的悬挂和展示以元宵时节为最，这天夜里城乡到处张灯结彩，观花灯的人群热闹非凡，人潮涌动的夫子庙街头，成千上万盏各色花灯交相辉映，沿街悬挂的一排排花灯形成了一堵堵灯墙，就像一条条色彩斑斓的长龙，泮池中还漂浮着许多灯盏，真可谓海陆空争辉。“蛾儿雪柳黄金缕，笑语盈盈暗香去，众里寻他千百度，蓦然回首，那人却在灯火阑珊处”，形象生动地展现了元宵节灯会众人赏灯的狂欢之夜、不眠之夜。鱼龙兼蓄、银花火树的盛况千年不衰，即使在端午等节庆日，张灯结彩景象也高潮迭现。长期以来，广大民众为了祈求风调雨顺、家庭美满和天下太平，通过扎灯、张灯、赏灯、玩灯、闹灯等，不断地营造出“天穹星汉灿烂，人间灯火辉煌”等天人合一、人神同乐的美好意境，由衷地寄托自己的美好愿望与生活追求。作为普通民众难以割舍的习俗爱好，秦淮灯彩薪火相传，那盏盏秦淮花灯不仅渗透着人们对幸福生活的企盼，更充满着对美好未来的憧憬。

每年的灯会由灯景、灯市、灯展三部分组成，灯会是集中展示秦淮灯彩的平台，灯彩、灯会是形，文化是魂，没有文化的灯彩，灯会永远没有生命力。精美的秦淮花灯寄托了秦淮灯彩艺人的审美情趣，历代扎灯艺人应用变幻无穷的灯彩结构造型和多种灯彩的不同组合来表达人的情感和对时代的认知。灯展以大型灯组为主，而每个灯组后面都有深刻的文化内涵，都有美丽的典故和传说，如孔子周游列国、状元巡游等灯组。灯市则是灯彩与市场、灯彩与民俗、灯彩与时代结合的产物，人们在观灯、赏灯之余，买一盏年味十足的花灯，也是非常快意的事情。

秦淮灯彩品种繁多、风格迥异，按照功能作用来分可分为观赏照明类、民间习俗类和娱乐玩耍类。在秦淮老艺人家常常可以见到的荷花壁灯属于观赏照明类，哪吒闹海、三星高照、连中三元、鲤鱼跳龙门等灯彩则属于民俗类，娱乐玩耍类主要有荷花灯、莲花灯、藕灯、兔子灯、金鱼灯、狮子灯、舞龙灯、飞机灯、花鼓灯等。若按结构造型来分，有单体灯、母子灯、多重组合灯，还有骨灯和无骨灯以及象形灯和几何形状灯，形式多样、多姿多彩、寓意深刻、内涵丰富。若按照时代风格来分类，可分为宫廷气派风格、民间乡土风格、传统工匠风格以及现代气象风格四个大类。特别要提的是，现代气象风格灯彩将秦淮传统灯彩与现代声、光、电、动等科技手段有机结合起来，为历史悠久的秦淮灯彩注入了一股新的活力。

## 秦淮灯会

秦淮灯会用光与彩的结合、灯与舞的交融，以独具风韵的形式内容客观地表达了老百姓呼唤真善美的淳朴心声，也折射了人们在对火的原始体验中生发出来的信仰习俗、文化意趣、审美理念，以及与传统文化之间的血缘关系。秦淮灯会为南京人祈求丰衣足食、身体安康、爱情美满、子嗣绵延种种愿望提供了一个场所，提供了一种活动，提供了一片空间。南京人将秦淮灯会作为倾诉自己美好心愿的一座舞台，而这种倾诉一直持续了千余年。

关于华夏灯彩的起源有很多种传说，有的说与佛教的燃灯祭佛有关。在东汉永平年间，汉明帝刘庄大力提倡佛教，他听说印度佛事有燃灯的习惯，便敕令模仿。正月十五的夜晚，在宫廷和寺庙内燃灯表佛，后来逐渐渗透到民间，家家户户一律点灯敬佛，形成了十五点灯的传统。还有人说源自中国道教的三官祀典，据说元夜张灯是一种用来媚神的手段，借以满足道教中天官好娱乐、地官爱热闹、水官喜灯火的嗜好，而更多的是说从西汉汉武帝的时代开始的。

历史上的秦淮灯会主要分布在南京秦淮河流域，如建都于此的历代王朝宫殿内外、在战火中被毁的报恩寺塔前的广场以及夫子庙、三山街、笪桥、评事街、上新河等文化商贸繁华地带，20 世纪后基本上集中在夫子庙地区。20 世纪 80 年代中叶，夫子庙秦淮风光带开始复建，经过十多年的努力，先后投资十多个亿，恢复建设了大成殿、明德堂、尊经阁、江南贡院、乌衣巷、王谢故居、吴敬梓故居等 20 多处、30 多万平方米古建筑。“亭、台、楼、阁、殿错落有致，红、黄、蓝、白、黑交相辉映，青砖小瓦马头墙，回廊挂落花格窗”，再现了明清江南街市风貌和古秦淮河厅、河房景观，六朝、明清文化得到进一步挖掘和展示，同时也为金陵灯彩在此落户生根打下了坚实的基础。从那时开始，人们就将在秦淮河流域夫子庙地区自发形成的灯市正式命名为“秦淮灯会”。现在每到农历除夕秦淮灯会启幕以后，年节和民俗味十足的夫子庙地区便处处张灯结彩、歌舞狂欢，一派欢乐祥和、繁荣热闹的节日景象。作为南京民众难以割舍的真挚情怀和传统习俗，秦淮灯会薪火相传延续迄今，并迎来了辉煌的新时期。

所谓灯彩就是人们通常在传统节日吉祥喜庆之时所张挂的彩灯，由于其在形状、色彩以及灯火等方面呈五颜六色、如花似锦，因而民间亦称之为花灯。作为我国灯彩艺术的一个重要流派，秦淮灯彩综合运用了多种工艺手段，包括纸扎、装裱、雕刻、剪纸、绘画、书法、编织等，制作灯彩的材料也是五花八门，一般来说用竹子、木藤、麦秸、兽角、金属、塑料来扎制框架，外层糊以绸、布、纸、绢、纱、羊皮等面料。秦淮灯彩的形式多样性决定了扎制方法手段也不尽相同，但大体来说都要经过设计构思、画图出样、扎制骨架、外侧糊裱、装饰美化等步骤。

值得一提的是，用竹木、硬纤维带等作为骨架扎制秦淮花灯的大多数仍是在家庭个体作坊条件下进行的，从现代化市场化生产角度出发，目前秦淮灯彩生产企业由于不断改进工艺流程手段，基本上都采用金属材料焊成骨架，这不仅提高了规模生产效益，而且质量效果也有了进一步的保证。

每年为了参加秦淮灯会的展示，制作花灯的艺人们几乎要忙碌一年。每年春季，艺人开始选购颜料、竹篾、拷贝纸、丝绢等材料；过了梅雨季节开始染纸；到秋天扎骨架、糊骨架，还要将制作荷花灯、菠萝灯的纸压出花纹；元旦前后组装花灯。一个熟练的扎灯艺人挑灯夜战一天也只能做十盏左右。

“以形写神”是秦淮灯彩不可缺少的基本内涵，秦淮艺人在创作实践中凭借观察体验，逐渐地形成了特有的事物表达能力，他们既忠实于生活而又高于生活，在结构造型等方面善于借鉴文学艺术中的夸张变形、对比呼应、抽象写意、象征借喻等表现技巧，突出形式与趣味的探求、传统与现代的交接，讲究丰满深厚、简约夸张的艺术布局。

秦淮艺人在彩灯形构制作方面除了繁简兼顾外，具体材质运用也比较讲究，如早先扎制的小型花灯所用骨架基本上都是些经过水浸熏烤等特殊处理且富有韧性的篾竹，有利于弯曲成所需造型。像兔子灯、狮子灯、飞机灯、金鱼灯在扎捻、编结方面既有相对固定的程式，又因具体形状和材质不同而有各自独特法则。在一些比较精致的大型灯彩中还饰有适当的拟形雕件，其刀法、琢法也格外考究。而在灯彩外表所蒙遮的丝料、纸张和玻璃上，也常有事先制好的相应图案，其中有的是书画家亲自创作或绘制印刷上去的，也有的是用剪纸图案裱贴上去的，还有的则是专门编织上去的。

对外来文化的从善如流是南京地域文化的一个重要特征，也是秦淮灯彩得以全面发展的重要因素。秦淮灯彩在长期的实践中，汲取了全国各地诸家灯彩之长，造就了自身色彩上的瑰丽明快、造型上的简约大方、品位上的大俗大雅等特点，既具有大家闺秀的端庄秀丽又不乏小家碧玉的纤秀风韵。千百年来，秦淮民间灯彩艺人承前启后，默默耕耘，秦淮灯彩艺术代代相传、人才辈出、精品迭现。如果没有他们充满智慧的劳动创造和巧夺天工的技艺展现，自然也就不会有秦淮灯彩繁花似锦的今天。

秦淮河畔流光溢彩、桨声灯影、歌舞浪漫的繁华盛况也引得历代文人骚客名士才子缱绻逗留、吟咏不绝，包括李白、崔颢、杜甫、刘禹锡、杜牧、辛弃疾、萨都剌、吴承恩、吴敬梓、郑板桥、朱自清等在内的一大批文人大家，都曾留下过名篇佳作。他们根据自己的生活和创作的需要，从不同的生活侧面描写讴歌了秦淮灯彩，把源于生活的秦淮灯彩更加形象、更加生动、更加艺术地表现出来。秦淮灯彩之所以能流芳后世、闻名天下，在一定程度上也是得益于这些名著名篇的不朽魅力。

同样也在秦淮河畔生活了数十年的清代文学家吴敬梓对南京的江山胜迹、风土人情熟记于心，丰富的生活底蕴使得他在文学创作中将秦淮灯彩描写得形象逼真，在长篇小说《儒林外史》中就有多处对秦淮灯彩的生动描绘。

1923年仲夏，朱自清与俞平伯同游秦淮河，以《桨声灯影里的秦淮河》为共同的题目各作散文一篇，以不同风格各有千秋而传世，成为现代文学史上的一段佳话。一样的灯彩月影，一样的歌吹泛舟，在朱自清和俞平伯的笔下写的却是各呈异彩。

舱前的顶下，一律悬着灯彩；灯的多少，明暗，彩苏的精粗、艳晦，是不一的，但好歹总还你一个灯彩。这灯彩实在是最能勾人的东西。夜幕垂垂地下来时，大小船上都点起灯火。从两重玻璃里映出那辐射着的黄黄的散光，反晕出一片朦胧的烟霭；透过这烟霭，在黯黯的水波里，又逗起缕缕的明漪。在这薄霭和微漪里，听着那悠然的间歇的桨声，谁能不被引入他的美梦去呢？

——朱自清

船儿悄悄地穿出连环着的三个壮阔的涵洞，青溪夏夜的韶华已如巨幅的画，豁然而抖落。哦！凄厉而繁的弦索，颤岔而涩的歌喉，杂着哈哈的笑语声，劈拍的竹牌响，更能把诸楼船上的华灯彩绘，显出火样的鲜明，火样的温煦了。小船儿载着我们，在大船缝里挤着，挨着，抹着走，它忘了自己也是今宵河上的一星灯火。

——俞平伯

作为灯彩的一种独特的附加文学形式，灯谜更是为秦淮灯彩增添了几分神秘、几分神奇和几分神韵。

南京历史上出现过很多出谜和解谜的大家高手，北宋思想家和文学家王安石便是其中的佼佼者。他的许多字谜被秦淮艺人们收集制作成为灯谜，送到灯节上去营造吉祥喜庆的氛围，留待游人猜测把玩。

## 扬派盆景

扬派盆景融诗、书、画、技为一体，堪称中国盆景艺术代表作。扬派盆景层次分明、严整平稳和深远的意境、端庄、写意的风格和一寸三弯的剪扎技艺成为中国盆景五大流派之一。扬派盆景具有极高的人文价值、艺术价值、历史文化价值、实用价值、园林价值。

在人文价值方面，扬派盆景艺术寄托了作者的审美情趣，历代扬派盆景艺人习惯应用变化奇特的植物造型来展示主观情感中对美的认识，以及探索人生的哲理，如层峦叠嶂、飞云千重、曲中有直、屈中求伸等等。这些画面既是自然风景的浓缩，更是人生感悟的结晶。扬州盆景与扬州画派的关系更为密切，以扬州八怪为代表的扬州画派崇尚删繁削冗、标新立异，追求写意而不是写实。画树讲究枝无寸直的艺术观，与扬州盆景的艺术风格如出一辙。扬州八怪的许多诗文涉及扬派盆景，还有许多画作直接以扬派盆景为描绘对象，如李鱓的《松萱桂兰图》《菊花图》等，郑板桥题画的《盆梅》更形象地展示了当时的梅花盆景艺术。

扬派盆景还吸纳了书法家的许多创作技法和理念，如正楷的工整，草书的飘逸、豪放和变化多端，隶书的端正而具有不对称美，篆书的追求装饰美等，终于以严谨而富有变化，清秀而不失壮观，自成体系。

不同历史时期的扬派盆景折射出一定时期的社会风貌和审美情趣，如明末的古朴、清代的奢华等等，都被扬派盆景忠实地记录下来，并展示给后人。研究扬派盆景的发展变化史具有重要的历史文化价值，同时现今仍然保存的古代盆景都是活的文物，具有特别珍贵的文物价值。

在实用价值方面，扬派盆景艺术将扬州园林浓缩于普通家庭，民众用它来美化生活、陶冶性情。古代扬州既有“园林多是宅，车马少于船”之说，又有“家家有花园，户户养盆景”的盛行。扬州之所以几百年来被称为园林城市，除了深宅大院内的私家园林，还离不开扎根于普通人家的扬派盆景。

扬州盆景博物馆现存一批古代遗存的扬派盆景作品，要想让活的文物永葆青春，必须依赖扬派盆景制作技艺来养护管理。此外扬派盆景制作技艺在花木栽培上也有着重要的借鉴作用。扬州许多名贵花木仍然采用剪扎法来控制株型。

扬派盆景是艺术与技术、技艺与文化的结合，扬派盆景以树木为主要素材，通过艺术处理和精心培育能在盆钵之中塑造出源于自然的形象美和高于自然的意境美来，这需要创作者具有较深的文化艺术素养、精湛的剪扎养护技艺，还要经过长期的艺术实践，积累丰富的经验。扬派盆景作品中寄托了作者的审美情趣和人生感悟，记录了一定时期的社会风貌。当代扬派盆景在继承传统的基础上，呈多元化发展态势，众多的传统形式的扬派树木盆景代表作和在传统基础上创新的扬派水旱盆景代表作都曾在国内国际顶级展览和比赛中获得大奖。

扬派盆景以棕丝剪扎、精扎细剪为核心技艺，特别讲究功力深厚和自然栽植，仅棕法就有扬棕、底棕、撇棕、靠棕、挥棕、拌棕、平棕、套棕、吊棕、连棕、缝棕等 11 种；系棕的方法有单套、双套和扣套三种；打结的方法有活结和死结两种。各种技法灵活运用，一般剪扎技师集毕生的经验未必能完全掌握其精髓。扬派盆景受扬州地域文化的影响很大，追求细腻精致，崇尚雄秀兼备，特别讲究功力和自幼培养，以及“桩必古老，以久为贵；片必平整，以功为贵”的品评标准和“层次分明，严整平稳”的鲜明特色。

盆景在创作时首先确立主体，采取各种对比和烘托的手法，使主体景物突出，其他景物都服从主体，达到主次分清。在造型布局上注重虚实相生、疏密有致、露中有藏，通过高低、起伏、疏密、开合等变化，表现出一种音乐般的节奏和韵律，以传达人的情感，增强作品的表现力。盆中景物安排注意取势导向动静相衬，讲究不对称的均衡，各个部分顾盼呼应，形成一个有机的整体。

盆中的一山一水一草一木都凝聚着作者的思想感情，不仅反映自然景物的形貌，而且更表现出景物生动而鲜明的神态情状和独特个性，使观者能触景生情，从有限的景物中产生无限的联想，领略到景外的意境，因此优秀的作品能达到意蕴无穷。

扬派盆景虽然属于造型艺术，但不能脱离和违背植物生长的形态特征和自然规律，因此在具体操作时受到很多制约，其技艺可谓变化万端、博大精深。

扬派盆景选择枝叶细小、抗逆性强、寿命长的树种，如罗汉松、五针松、圆柏、刺柏、紫衫、榔榆、瓜子黄杨、银杏、梅花、迎春、金雀、六月雪、金银花、枸杞等，其中的松类、柏类、榔榆、瓜子黄杨等树种在造型上更为显著的特点就是云片。

要将枝叶扎成上述的云片极不容易，一般要经过多次的加工和多年的培育才能成型，成型以后每年还要复片一到两次。

扬派盆景中与云片相适应的树木主干大多扎成螺旋弯曲状，势若游龙、变化多端，惯称游龙弯。薄而平的云片都放在弯曲的凸面上与主干形成鲜明对比，显示出树干的苍古与清秀。

扬派盆景的造型也是因树而异，并不都将枝叶扎成云片，如梅花的枝条采用顺风式造型，如风吹杨柳；虎刺采用合栽式，如自然丛林；迎春、金银花、枸杞等则采用垂枝式。有些树种的造型还讲究提根，即将树木的根部精心取舍和伸屈，逐年向上提起，使其与树木上部相互取势，达到苍古入画的效果。

盆景的命名是画龙点睛之笔，一件优秀的盆景作品要有趣味和贴切的名字，要做到"景中寓诗、诗中有景、景诗交融"的境界。

随着时代的发展，扬派盆景的制作技艺也在不断继承与创新。近30年来在传统基础上创新的扬派水旱盆景，集中了树木盆景和山水盆景之长，达到意境深远的效果。

扬派盆景通常使用的是宜兴紫砂盆、釉陶盆和高资石盆，色彩淡雅，透气性能好，长方形或马槽型居多。扬派盆景博物馆收藏了百余只明清时期盆钵，款式多样，古朴典雅，有的盆钵外壁还刻有题词、诗画、印章等，既有文物价值，又对研究当初盆景的形态和制作年代具有参考价值。

山石的选择就要选出形态、质地和色泽都合乎创作立意的材料，尽可能因材使用，保持石料的天然特点。常用石材有龟纹石、英德石、斧劈石、石笋石等。

扬派树木盆景的创作和养护管理需要具备文字、美学、园艺栽培等多方面的修养以及精湛的制作技艺，还要经过长期的艺术实践积累丰富的经验，培育一盆成熟的扬派一寸三弯云片式盆景少则几年多则几十年。一件古老的扬派盆景，历经数百年而始终保持着勃勃生机、绮丽夺目，离不开专业人士对其不断进行养护管理和再创作。

## 云　锦

南京云锦在一千五百年的历史中，吸取了各族人民纺织技艺的精华，形成了自己的独特风格和鲜明特色，由皇室官府的专用品发展成为大众喜闻乐见的产品。这一发展变化过程在某种程度上见证了中国政治、经济、文化的发展历程，特别是遗留下来的大量云锦实物，对于我们研究中国纺织品的发展历史，探索纺织品的织造工艺，了解不同时代的文化取向和审美观念以及历代职官制度、服饰制度及工匠体制，提供了珍贵的实物资料。

南京云锦主要的生产工具是长约 5.6 米、高约 4 米、宽约 1.4 米的大花楼木质提花机，这种大提花机为生产皇室贡品所专用，因此在南宋楼璹《耕织图》、元代薛景石《梓人遗制》、明代宋应星《天工开物》、明代王祯《农书》中均未见著录。1949 年新中国成立时，苏、杭、成都等地也均已失传，唯独南京一地仍完整地保存着云锦大提花机的全部设备和工艺。织时由上下两人配合操作，一天仅能织出云锦 5 厘米左右，故有“寸锦寸金”之称。一件云锦从图案设计到最后织成产品，其生产工序极为复杂。在生产工序中，挑花结本是云锦生产的关键环节，它要求工匠按照画师设计的画稿花纹图案用经纬线交织挑制出花纹样本花本。明代科学家宋应星在《天工开物》中赞道，凡工匠结花本者，心计最精巧。这项工艺技术要求很高，它不仅要求工匠把纹样按织物的具体规格进行精确的计算，以便将纹样在每一根线上的细腻变化表现出来，还要求工匠按纹样图案的规律把繁杂的色彩进行最大限度的同类合并，编结成一本能上织机织造的花本。以织造一件重量不到 0.9 千克的龙袍为例，花本可重达 60 千克，需用线 121 370 根，花本首尾长达 166 米以上。

在悠久的历史发展过程中，南京云锦开发了许许多多的品种，形成了自己的品种系列，这也是蜀锦、宋锦等所不及的。云锦大体包括库缎、织金、织锦、妆花几类。库缎，因织成后入内务府缎匹库而得名，又名花缎、摹本缎，俗称袍料，它是明清两代暗花缎和两色缎品种的继承和发展。库缎可细分为起本色花库缎、地花两色库缎、妆金库缎、金银点库缎和妆彩库缎等。织金，又名库金，因织料上的花纹全部用金线或银线织出而得名，它是元代“织金锦纳石失”品种的继承和发展，织金主要用于镶滚衣边、帽边、裙边和垫边等，传统的织金织物中优秀的纹样有“曲水纹锦”“冰梅锦”“小缠枝花锦”等。织锦品种起源于西周，织物组织和纹样风格直接传承宋辽金而有所发展，它是用不同颜色的彩梭、通梭织有二色金库锦、彩色花锦、彩花库锦、抹梭金宝地、芙蓉妆之别。妆花是明清时期帝后百官礼服、官服用料的继承和发展，最初这种挖花妆彩的织造技法主要是在缎地提花织物上运用，后来逐渐发展到纱、罗、绸、绢、绒等不同质地、不同组织的织物上去，达到非常纯熟的地步，大大丰富了妆花织物的品种，把我国彩色锦缎的配色技巧和织造技术提高到了顶级高超的水平。直到今天，这种逐花异色的传统彩织技术仍不能被现代化的织机所取代，这种技术被誉之为“中国古代织锦工艺史上的最后一座里程碑”。目前，库缎、织金、织锦三类云锦已可用现代机器织造，唯有妆花这种云锦中织造技术最为复杂、成就最为杰出的提花丝织品种仍需用传统的手工织造。可以这么说，纺织品中最高档的是丝绸，丝绸中最高级的是织锦，织锦中最高贵的是南京云锦，而南京云锦中最杰出的代表就是妆花，它达到了中国丝织工艺的最高境界。

近年来，南京云锦以其大花楼木质提花机的奇巧绝艺为主体，以及绚丽璀璨的各类云锦产品为特色，代表中国传统科技的最高成就，应邀赴美国、法国、比利时、挪威、日本、韩国、新加坡等国家和中国台湾、香港等地区进行展出和手工织造操作表演，并进行科技文化交流，这些交流活动既促进了南京云锦事业的发展，又有力地增进了中国人民与世界各国人民的传统友谊。如今多数古代名锦已成为历史的记忆，唯独南京云锦的传统文化和传统工艺能够完整地流传至今，成为中华民族传统遗产中的活化石。南京云锦“历史的源远流、工艺的高超绝伦、艺术的华美富丽”世所公认，正因如此，南京云锦被誉为中华瑰宝和中华一绝确实是当之无愧的。

# 参 考 文 献


[1] 联合国教科文组织.保护非物质文化遗产公约[M].北京:文化艺术出版社.2006.

[2] 陈通.坚守人民立场保护非物质文化遗产[N].光明日报,2017-12-14(6).

[3] Cooley C H. Social organization[M].New York:Schocken Books,1909:61.

[4] Urbaniak. The public library and intangible cultural heritage: the storyteller-in-residence program of the Cape Breton regional library [J]. Library, Information Science & Technology Abstracts, 2012(3):33-42.

[5] Debra C. Sustaining language diversity: the role of public libraries[J]. Aplis, 2008(1): 28-32.

[6] 刘婷婷.国外图书馆参与舞蹈类非遗保护的理念及其启示[J].图书馆学刊,2016, 38(3): 134-136.

[7] Navaneethakrishnan S. Preservation and Documentation of Intangible Cultural Heritage: The Strategic Role of the Library and Information Science Professionals in Sri Lanka[J]. Journal of the University Librarians Association of Sri Lanka, 2014, 17(1):58-65.

[8] Singh A. Digital preservation of cultural heritage resources and manuscripts: An Indian government initiative[J].Library, Information Science & Technology Abstracts,2012, 38 (4):289-296.

[9] 许鑫,赵嘉伦. 图书馆参与非物质文化遗产保护的现状与建议[J]. 图书情报工作, 2014, 58(21):6-12.

[10] 徐军华,刘灿姣,杨丹.我国省级公共图书馆非物质文化遗产数据库建设的调研与分析[J].图书馆,2016(2):28-32.

[11] 亢琦.文化和自然遗产宣传教育活动中的图书馆角色与功能调查研究[J]. 图书馆建设,2018(2):68-74.

[12] 包鑫.地方高校图书馆非物质文化遗产特色数据库建设:以黑龙江省西部少数民族地区为例[J].图书馆学刊,2017,39(1):58-61.
[13] 夏有军.公共图书馆在非遗保护与传承中的创新服务研究:以浙江省衢州市为例[J].图书馆研究与工作,2019(2):88-92.
[14] 李浩.公共图书馆摄制视频专题片资源的实践:以南京图书馆为例[J].农业图书情报学刊,2015,27(7):32-35.
[15] 庞婷文.非遗保护视角下高邮民歌的传承与发展研究[J].当代音乐,2018(1):62-65.
[16] 王美诗.手捏戏文泥土神韵:院藏无锡泥人[J].文物天地,2016(4):57-60.
[17] 朱同芳.中华瑰宝:南京云锦[M].南京:南京出版社,2003.
[18] 戴健.南京云锦[M].苏州:苏州大学出版社,2009.
[19] 孙佩兰.吴地苏绣[M].苏州:苏州大学出版社,2009.
[20] 江苏省文物考古队.江苏吴江梅堰新石器时代遗址[J].考古,1963(6):308.
[21] 周良.中国苏州评弹[M].上海:百家出版社,2002.
[22] 何龙生.试论电视专题片拍摄过程中的细节把握与技巧[J].西部广播电视,2019(20):111-112.
[23] 洪燕.后期剪辑在电视节目制作中的重要性探讨[J].卫星电视与宽带多媒体,2020(13):110-112.
[24] 荆宏霞.电视节目后期制作中剪辑艺术探析[J].记者摇篮,2020(2):108-109.
[25] 乌丙安.民俗学原理[M].沈阳:辽宁教育出版社,2001.
[26] 张紫晨.中外民俗学词典[M].杭州:浙江人民出版社,1991.
[27] 悉德·菲尔德.电影剧本写作基础[M].钟大丰,鲍玉珩,译.北京:世界图书出版社公司北京公司,2012.
[28] 宁吉.文化基因视野下地域性流变及活态传承探究[J].艺术研究,2019(4):56-57.
[29] 黄龙光,杨晖.项目制保护模式下非遗传承人等级化倾向反思[J].中原文化研究,2019,7(5):60-66.
[30] 罗伯特·麦基.故事:材质、结构、风格和银幕剧作的原理[M].周铁东,译.北京:中国电影出版社,2001.
[31] 白阳.基于关联标签的非遗数字资源主题发现研究[D].武汉:华中师范大学,2016.
[32] 高鑫.电视艺术学[M].北京:北京师范大学出版社,1998.
[33] 王晓葵.记忆论与民俗学[J].民俗研究,2011(2):28-40.

[34] 冯骥才.传承人口述史方法论研究[M].北京:华文出版社,2016.

[35] 刘洁.纪录片:在场与伦理道德的紧张[J].现代传播(中国传媒大学学报),2016,38(10):106-109.

[36] 胡南.虚构的真实:新纪录电影"真实观"探究[D].郑州:郑州大学,2016.

[37] 祁庆富.存续"活态传承"是衡量非物质文化遗产保护方式合理性的基本准则[J].中南民族大学学报(人文社会科学版),2009,29(3):1-4.